| 개정판 |

러시아어 문장의 이해

Порядок слов в русском языке

강덕수 지음

범한서적주식회사

개정판 서문

개정판을 내면서 책의 제목을 "러시아어 문장의 이해"를 유지하기로 하였다. 이 책을 펴는 목적이 언어학적인 것보다는 교육적인 것이 크기 때문이다. 통사론이나 구문론이라고 하면 이론적 지향성이 강조될 수 있다. 이 책은 러시아어를 한 단계 심화시켜 러시아어 다운 러시아어를 구사하고자 하는 학생들에게 길잡이가 되고자 한다. 그리고 통역이나 번역에 관심을 갖고 그 길로 나아가려는 학생들에게 도움을 주고자 한다.

러시아어는 배우기가 어렵다 하지만 사실은 그렇지 않다. 문법에 관해 얘기한다면 어미 변화형이 일정하다. 변화형들은 일정한 틀에 의해 운용된다. 그래서 변화형들을 암기하는 수고만 이겨낸다면 러시아어처럼 쉬운 언어도 없다. 러시아어를 배우면서 첫 3개월 과정만 잘 버티어내면 단언컨대 그 다음부터는 어려울 게 별로 없다.

명사, 대명사, 형용사, 동사의 변화형을 다 익히고 나면 말하고 쓰는 데 별 문제가 없어 보인다. 그런데 자신의 생각을 러시아어로 표현하고자 하면 보이지 않는 장벽이 있음을 차츰 느끼게 된다. 분명 어형 변화형을 올바로 활용해도 러시아어 답지 못한 표현에 좌절을 느끼게 된다. 러시아어 텍스트를 한국말로 옮길 때에도 때론 정글을 헤매다 나오는 느낌을 받게 된다.

해답은 바로 어순에 있다. 러시아어 어순이 어떻게 다르길래? 영어에 익숙한 우리는 모든 서양 언어들의 문장이 주어-동사-목적어의 순서로 나열되기를 기대한다. 그런 고정 관념으로는 러시아어의 본질 속으로 들어갈 수가 없다. 또 제대로 된 표현을 만들 수도 없다. 러시아어의 어순은 주어나 목적어, 동사의 순서 형식에 의해 지배되지 않는다.

러시아어에서 어순은 바로 사고의 순서이다. 러시아인의 사고 구조(менталитет)와 어순은 밀접한 관련을 맺고 있다. 어순을 이해하는 것은 러시아인의 사고 구조를 이해하는 것이다. 마찬가지로 사고 구조를 알면 어순의 이해도 쉬워진다. 그래서 러시아어 공부에서 어순은 마지막 승부처가 된다.

러시아어에서 어순은 형식적인 것이 아니라 논리적인 것이다. **화자**와 **청자**의 관계, 그리고 **화제**와 **정보**라는 관계가 중요한다. 개정판에서는 다소 불필요한 것들을 빼고, 논리적 측면에 대한 설명을 보완하였다.

각 장마다 어순에 대한 문제를 공부하기 전에 먼저 투르게네프의 소설 "첫 사랑"을 읽으며 텍스트를 분석하는 연습을 할 수 있도록 했다. 투르게네프는 가장 아름다운 문체를 구사한 스타일리스트로 평가된다. 19세기의 작가이지만 그의 문장은 여전히 생동감이 있고 유려하다. 소설 "첫 사랑"은 러시아어를 공부하는 대학생이 원문으로 읽기에 부담이 적다. 19세기 러시아의 소년이 겪는 첫 사랑의 경험이 21세기의 한국 대학생들의 눈높이와는 많이 다를 수 있다. 그러나 이 소설은 21세기 현대 사회에서도 여전히 유효할 수 있는 사랑의 감성을 바탕으로 하고 있는 성장 소설이다. 발췌한 것이지만 소설의 일부를 원문으로 즐겁게 읽고 해석하다 보면 어순과 사고 구조의 관련성도 쉽게 이해할 수 있게 되리라 믿는다.

다음은 러시아어에 대해 쓴 투르게네프의 시이다. 이 시를 통해 러시아어에 대한 투르게네프의 자세를 생각해 본다.

Русский язык

Во дни сомнений, во дни тягостных
раздумий о судьбах моей родины, -
Ты один мне поддержка и опора,
О великий, могучий, правдивый и
свободный русский язык!

Не будь тебя – как не впасть
в отчаяние при виде всего,
Что совершается дома?

Но нельзя верить, чтобы
такой язык не был дан
великому народу!

Июнь 1882г.

러시아어

의혹의 시절, 조국의 운명에 관해
번민하던 날
너 하나 내게 기둥이 되고 의지가 되었다.
오 위대하고 강력한,
진실하고 자유로운 러시아어여!

네가 없었더라면
조국의 현실 앞에서
어찌 절망에 빠지지 않았겠느냐?

허나 그러한 언어가
위대한 민족에게 주어지지 않았으리라
믿을 수 없나니!

1882년 6월

2014년 2월 17일

서문

Умом Россию не понять,
Аршином общим не измерить:
У ней особенная стать ---
В Россию можно только верить.
Ф. Тютчев(1803-1873)

튜첸은 좋아하는 러시아 시인 중의 한 사람이다. 그의 시 가운데 특히 위에 적은 짧은 4행시를 아주 좋아한다. 러시아와 러시아 민족을 이 시보다 더 잘 표현할 수는 없을 거라는 생각 때문이기도 하다.

광장의 시계가 어제도 오늘도 11시를 가리키고 있다고 해서 화 내는 법도 없이 묵묵히 자기 길을 가는 사람들. 예고도 없이 비행기 출발이 취소되었다고 해서 멱살잡이 하기는커녕 더 편한 자세로 기다리던 벤치에 몸을 파묻는 사람들. 추위에 떨며 서너 시간을 줄 서서 기다린 끝에 얻은 것은 아무 것도 없이 '다음에 오세요' 한 마디에 그냥 돌아서는 사람들. 이런 사람들을 얄팍한 논리로 설명할 수는 없다.

사람만큼이나 이 사람들의 언어도 만만치 않다. 영어를 배우면서 서양어는 다 그렇겠거니 하며 갖다 대는 형식 논리의 잣대로는 이해하기가 쉽지 않다. 그래서 하기 좋은 말로 '러시아어에는 어순이란 것이 없어!'하고 말았다. 과연 그런가?

영어를 배우면서 갖게 되는 고정 관념 중의 하나가 모든 문장은 주어와 서술어를 가져야 하며, 그것들은 반드시 정해진 자리에 놓여져야 한다는 생각에 억매이게 된다는 것이다. 당장 우리 말을 보더라도 주어 없는 문장이 얼마나 많이 통용되는가? 우리 말에서 목적어의 위치가 반드시 동사 앞에 와야 할 이유가 어디에 있는가? 이런 간단한 물음을 통해서도 S-V-O-C, S-V-IO-DO 식의 통사적 구분은 영어에 국한된 개념이지 다른 언어에까지 똑같이 적용시키기는 어렵다는 생각을 해 볼 수가 있다. 이런 점에서 "러시아어에 어순이 없다"는 말은 그 진위를 떠나서 제로섬 게임을 할 수 있는 바탕을 마련해 준다는 점에서 나름대로 근거가 있다고 하겠다.

이제 이 책을 쓰면서 필요한 전제는 '어순은 있다'라는 것이다. 그러면 어떤 어순인가라는 질문을 던질 수 있다. 이것은 우리가 한국어 어순을 배운 기억이 희미한 것처럼 러시아인도 쉽게 설명하기 어려운 질문이다. 왜냐하면 러시아어에서 어순은 밖으로부터 언어에 씌어진 형식적 굴레가 아니라 언어 안에 들어 있는 본질이기 때문이다. 만일 통 안에 일정한 모양의 구슬이 5개 있는데, 이것을 다양하게 배치해야 한다면 어떻게 해야 할까? 우리에게 필요한 것은 이 구슬들을 조합하기 위한 배치도일 것이다. 그러나 모양이 일정하지 않을 뿐만 아니라 구르는 대로 그 색깔과 모양이 변한다면 굳이 배치도를 만들 필요가 없을 것이다. 이 경우 필요한 것은 구슬이 구르면서 어떻게 변하는가를 파악하는 일이 될 것이다. 앞의 구슬이 영어라면 뒤의 구슬은 한국어나 러시아어라고 할 수 있다. 이런 점에서 러시아어에서는 한 어휘가 어디에 놓여야 한다는 것 보다는 어떤 역할을 하고 있는가가 더 중요하다. 한국어도 이런 점에서 러시아어와 유사한 면을 갖고 있다고 할 수 있다.

이런 얘기를 하기 위해 지난 15년여를 기다려왔다. 그 동안 학부 과정에서 «구문론»이라는 이름으로 강의를 해 왔다. 이 강의를 위해 Крылова 교수와 Хавронииа 교수의 ≪Порядок слов в русском языке≫를 교재로 사용해 왔다. 교재로서 잘 쓰여진 책이었다. 그러나 한국어를 모국어로 하는 우리 학생들에게는 불필요한 부분도 있었고, 설명이 더 필요한 부분도 있었다. 그래서 우리 학생들을 위한 책을 써야겠다는 생각을 의무처럼 지니고 지난 몇 년을 보냈다. 이제 마침내 이 책을 펴내게 되어 큰 짐을 벗은 느낌이다. 이 책을 통해 러시아어를 공부하는 우리 학생들이 러시아어의 의미적 구조를 이해하는 계기를 갖게 되기를 바란다. 이와 함께 러시아인이 생각하는 사고의 틀을 이해하고 그에 맞게 러시아어를 구사할 수 있게 되기를 바란다.

이 책을 정리하는 과정에서 수고를 아끼지 않은 박사 과정의 변군혁 군과 석사 과정의 김지영 양에게 감사한다. 그리고 어건주 박사, 이성민 박사, 김연수 박사는 이 책의 완성도를 높이기 위해 좋은 의견을 주었다. 이제는 함께 길을 가는 학문적 동지가 된 이들에게 감사한다.

『파워 러시아어 문법』에 이어 본서의 출판을 맡아주신 (주) 범한 서적에도 깊은 감사를 드린다.

2002년 1월에

차 례

제 1 장
러시아어는 어순이 자유로운가?

| 핵심 용어 |

격 падеж
미시적 문법 микро-грамматика
거시적 문법 макро-грамматика
생각의 틀 порядки мышления

다음 텍스트는 투르게네프의 소설 **Первая любовь**의 일 부분이다. 텍스트를 번역해 보면서 어순을 생각해 보시오.

Мне было тогда шестнадцать лет. *Дело происходило // летом 1833 года.
Я жил в Москве у моих родителей. Они нанимали дачу около Калужской заставы, против Нескучного. Я готовился в университет, но работал очень мало и не торопясь.
Никто не стеснял моей свободы. Я делал что хотел, особенно с тех пор, как я расстался с последним моим гувернером-французом, который никак не мог привыкнуть к мысли, что он упал «как бомба» в Россию, и с ожесточённым выражением на лице по целым дням валялся на постели. **Отец обходился со мной // равнодушно-ласково; матушка почти не обращала на меня внимания, хотя у ней, кроме меня, не было детей: ***другие заботы её // поглощали.

*그 사건이 일어난 건 1833년 여름이었다.
**아버지는 나에게 무관심하거나 상냥하게 대해 주셨다.
***그녀는 다른 걱정거리로 가득차 있었다.(다른 걱정들이 그녀를 집어삼켰다)

1.1 언어를 거시적으로 보자.

러시아어를 공부하기 시작하면서 제일 먼저 "격"이라는 개념에 부딪히게 된다. 그리고

이 격의 변화무쌍함을 이해하고 습득하는 데 상당한 시간을 보낸다. 그 결과 러시아어는 어렵다는 생각에 젖어들게 되고 제대로 된 문장 하나 만들어내기 쉽지 않다고 불평하게 된다. 정말로 어려운 외국어인가? 그러나 이것은 러시아어 탓이 아니다. 그것은 외국어 공부에 대한 습관이 잘못 들여진 때문이다.

러시아어 공부는 한식 요리에 비유할 수 있다. 한식 요리는 정형화, 정량화되어 있지 않아 애매한 경우가 많다. 경험에 의한 손맛을 강조하는 게 그런 이유다.

만일 된장찌개를 끓이고 싶다면, 이에 필요한 온갖 재료들을 구해야 한다. 우선 맛있는 된장을 구해야 하고, 두부, 호박, 버섯은 기본 재료가 된다. 이런 재료를 준비하는 것이 **명사, 동사, 형용사** 같은 어휘들을 골라 자신의 의도에 맞는 격과 인칭 어미를 붙이는 것이다. 그러나 재료를 골라 다듬어 놓는다고 요리가 만들어지지 않듯, 어휘에 어미를 붙여 놓는다고 자기가 표현하고 싶은 문장이 되는 것은 아니다. 다듬어진 재료를 넣는 데도 순서가 있고 간을 맞추는 데도 정도가 있듯이 어휘를 배열하는 데에도 순서가 있다. 러시아어를 공부하면서 한계에 부딪치는 시점이 바로 이 단계이다.

외국어로서 제일 먼저 배우게 되는 영어에서는 주어, 서술어, 목적어, 보어라는 성분의 순서가 **규범화**되어 있다. 그러나 러시아어에서는 이런 **외재적 규범**이 엄격하지 않다. 마치 서양 요리는 계량화되어 있어 요리책 대로 만들면 어느 정도 맛나는 요리를 맛볼 수 있지만, 한국 요리는 손끝에서 맛이 나므로 어림 잡기가 어려운 것이 꼭 러시아어와 같다고 할 수 있다. 왜냐하면 러시아어에서 하나의 문장은 말하는 사람의 생각의 틀을 바탕으로 하여 만들어지기 때문이다. 따라서 러시아어에서 올바른 문장을 만들기 위해서는 말하고자 하는 사람의 기본 의도를 결정하는 **생각의 틀**을 먼저 이해해야 한다.

단어 하나하나의 어형태를 다듬는 것을 작은 틀의 문법, 즉 "미시적 문법"(микро-грамматика)라 한다면, 생각의 틀을 짜는 것을 큰 틀의 문법, 즉 "거시적 문법"(макро-грамматика)라고 할 수 있다.

> Он(Аслан Масхадов) покинул республику около полутора месяцев назад и **возвращаться** уже не собирается.
>
> (http://www.gazeta.ru 2000.11.15)

〈 한 달 반 전에 공화국을 떠난 그가 돌아온다는 건 이미 물건너갔다. 〉

위 문장에서 возвращаться уже не собирается 같은 구문은 러시아어 구문의 특성을 잘 보여준다. 이것을 〈그가 돌아오지 않으려고 한다〉라고 하면 올바른 해석이 될 수 없다. 이것은 예상된 행위에 대한 부정적 태도를 강조하기 위한 구문이다. 즉, 떠난(покинул) 이상 돌아간다는 것(возвращаться)은 아직 생각도 하지 않고 있다(уже не собирается)는 뜻이다.

떠남 ——— 귀환 ——— 불가

이러한 러시아어의 구문적 특성을 이해하지 못한다면, 그 의미를 올바로 이해하지 못하거나 위 문장을 уже не собирается возвращаться라고 고쳐야 한다고 생각할 수 있다. 이런 맥락에서 러시아어를 정복하기 위해서는 러시아어를 큰 틀에서 생각하게 하는 거시적 문법의 사고가 필요하다.

1.2 생각의 틀과 어순

어느 외국어를 배우든지 꼭 넘어야 할 산은 어순의 문제이다. 그것은 어순을 통해 논리를 바탕으로 하는 언어의 큰 틀이 짜여지기 때문이다. 그런데 러시아어를 배우는 과정에서는 어순을 그다지 강조하지 않는다. 우선 복잡한 활용 어미들을 배우기도 힘든데 어순까지 신경을 쓰게 할 겨를이 없기 때문이다. 그러나 어순이 문제되지 않는 언어란 상상할 수 없다. 이런 점에서 러시아어도 예외가 될 수는 없다.

우리가 알고 있는 언어가 한국어와 영어라면, 한국어는 기본적으로 S-O-V, 즉 '주어 + 목적어 + 서술어' 구조이고, 영어는 기본적으로 S-V-O, 즉 '주어 + 서술어 + 목적어' 구조이다. 이것은 한국어에서 목적어가 서술어보다 앞에 위치한다는 것을 보여준다. 반면에 영어에서는 서술어가 목적어보다 앞선다. 러시아어가 영어와 같은 인도 · 유럽어족에 속한다는 점을 고려하면 러시아어도 S-V-O 구조를 가질 것으로 짐작할 수 있다. 그러나 인도 · 유럽어는 본래 러시아어처럼 성, 수, 격의 형태적 특성이 발달되었던 언어였기 때문에 영어처럼 엄격한 어순을 가진 것은 아니었다. 영어에서 어순이 통사적으로 엄격해진 것은 켈트어, 라틴어, 프랑스어 등 다른 언어와의 접촉으로 중세 영어가 형태적 특성을 상실한 것과 관련이 있다. **형태적 특성의 상실로** 문장 구조에 혼란이 일어나므로 이를 보완하기 위해 후대에 통사적인 어순 구조가 인위적으로 만들어진 것이었다.

이 책에서는 **통사론(統辭論)**과 **구문론(構文論)**이라는 용어를 구분하고자 한다. 통사론은 어순의 주요 변항이 **품사(品詞, часть речи)** 자체이다. 따라서 통사론에서는 품사와 품사 사이에 존재하는 관계의 유형을 밝혀내는 것을 주 목적으로 한다. 반면에 구문론에서 품사의 개념은 부차적 위치에 머문다. 여기에서는 각 어휘들이 문장을 구축하는 과정에 어떠한 의미 기능을 가지고 참여하는가를 보여주고자 한다. 이런 점에서 통사론이 문장 구조에 미시적으로 접근하는 것이라고 한다면, 구문론은 문맥을 중요시하는 거시적 관점을 바탕으로 한다. 그래서 이 책의 제목도 구문적 관점에서 〈문장의 이해〉라고 붙인다.

한국어와 러시아어를 쉽고도 구체적인 예를 들어 비교해 보자. 이런 비교를 통해 한국어에서 반드시 서술어가 문장 끝에 온다는 점을 제외하고는 두 언어 사이에 유사한 점이 많다는 생각을 할 수 있다.

(1) a. 철수는 **영희를** 사랑했다.

b. 영희를 **철수가** 사랑했다.
c. 철수가 사랑한 건 **영희**였다.
d. 영희를 사랑한 건 **철수**였다.

위 예문들은 다음과 같은 물음을 전제로 하고 있다.

(1) a'. 철수는 누구를 사랑했느냐?
b'. 누가 영희를 사랑했느냐?
c'. 철수가 사랑한 건 누구였느냐?
d'. 영희를 사랑한 건 누구였느냐?

(1a)는 (1a')를, (1b)는 (1b')를, (1c)는 (1c')를, (1d)는 (1d')를 전제로 한다.

(2) a. Иван любит ***Анну***.
b. Анну любит ***Иван***.
c. Любит Анну ***Иван***.
d. Иван Анну ***любит***.

위 예문들은 모두 문법적으로 올바른 문장들이다. 그리고 의미도 같다. 다만 어순이 바뀜에 따라 뉘앙스와 관점이 조금씩 달라진 차이만 있을 뿐이다. 어순이 바뀌어도 의미에 차이가 없는 것은 형태적으로 한국어의 경우에는 고유한 조사가 있고, 러시아어의 경우에는 어미가 있기 때문이다.

그러나 영어의 경우에는 어순에 관해서 융통성이 허용되지 않는다.

(3) a. Who loves Judy?
b. Is it who that loves Judy?

(3) a'. Mike loves Judy.
b'. It is Mike that loves Judy.

(3a')의 "Mike loves Judy."와 같은 문장을 "Judy loves Mike."로 바꿔 쓰면 완전히 다른 문장이 된다. 그리고 "Mike Judy loves."라고 바꾸면 비문(非文)이 되고 만다. (3b)와 (3b')는 강조용법으로서 한국어의 (1d)와 (1d'), 러시아어의 (2b)와 (2c)에 해당된다.
이런 의미에서 러시아어의 어순이 자유롭다고 할 수 있다. 그러나 이러한 결론을 단정적으로 내리기 전에 러시아어의 예문들이 사용되는 문맥 상황을 살펴볼 필요가 있다.

(4) a. Кого любит Иван?
b. Кто любит Анну?
c. Как Иван относится к Анне?

위 예문 (4a)의 답은 (2a)이고, (4b)의 답은 (2b) 또는 (2c)이다. 그리고 (4c)에 해당하는 답은 (2d)이다.

여기서 (3b)와 (3b')는 영어 문법에서 숙어적 표현으로 강조용법을 설명한다. 그러나 한국어의 (1c)와 (1c'), (1d)와 (1d')는 러시아어의 (2b)와 (2c)처럼 단순히 어순의 교체만으로 강조적 의미를 표현한다.

또 다른 예를 들어 보자.

(5) a. Сегодня Иван ***не может*** зайти к Анне.
b. Сегодня Иван ***может не зайти*** к Анне.
c. Сегодня Иван может зайти ***не к Анне***.

위 예문 (5)는 통사적으로 부사어, 주어, 부정어, 조동사, 본동사, 전치사, 명사의 동일 성분을 가진 문장들이지만 그 의미는 완전히 다르다. (5a)는 완전부정의 의미인데 반해, (5b)와 (5c)는 부분부정의 의미를 내포한다.

(5) a'. 오늘 이반은 안나에게 들를 수 없다.
b'. 오늘 이반은 들르지 않을 지도 모른다.
c'. 오늘 이반이 안나에게 들르는 것은 아니다.

위와 같은 예문들의 분석을 통해서 우리는 더 이상 러시아어의 어순이 자유롭다고 말할 수 없는 이유를 알 수 있다. 러시아어는 주어, 목적어, 서술어를 기본 단위로 하는 통사적 관점에서는 자유롭다고 할 수 있다. 그러나 어순이 이런 외형적인 요인보다 내재적인 의미적 요인에 의해 구속되기 때문에 실제로는 자유롭다고 말할 수 없다.

그러면 러시아어 문장의 어순을 결정하는 요인은 무엇인가? 그것은 러시아어 문장을 구성하는 의미적 요소를 분석함으로써 찾아질 수 있다

제 2 장
어순의 기본 구성

| 핵심 용어 |

발화 высказывание
문장 предложение
화제 тема
정보 рема
부속확장소 присловный распространитель
한정소 детерминант
화자의 의도 намерение говорящих
기능적 분절 актуальное членение
통사적 분절 синтаксическое членение
단일 통합소 единая синтагма
보어 дополнение
상황어 обстоятельство

다음 텍스트는 투르게네프의 소설 **Первая любовь**의 일 부분이다. 텍스트를 번역하면서 어순을 생각해 보시오.

*Мой отец, человек // ещё молодой и очень красивый, женился на ней // по расчёту; она была старше его десятью годами. Матушка моя вела печальную жизнь: беспрестанно волновалась, ревновала, сердилась - но не в присутствии отца; она очень его боялась, а он держался строго, холодно, отдаленно... **Я не видал человека // более изысканно спокойного, самоуверенного и самовластного.

*아버지는 아직 젊고 대단한 멋쟁이였다. 엄마와 결혼한 건 계산에 따른 것이었다.
**나는 아버지 보다 더 세련되게 침착하고 자신만만하면서도 카리스마가 있는 사람을 보지 못했다.

2.1 문장의 기본 요소

2.1.1 화제 тема와 정보рема

문장을 구성하는 성분에는 주어, 서술어, 목적어, 보어가 있다. 러시아어에서는 이러한 문장 성분이 별 의미가 없다. 문장 구조가 영어처럼 S-O-V-C로 고정되어 있지 않기 때문이다.

어순은 **화자의 의도**(намерение говорящих)에 따라 결정된다. 러시아어에서 중요한 것은 화자가 무엇을 말하고자 하는가이다. 화자는 자신이 말하고자 하는 의도를 항상 제일 마지막에 표현한다. 따라서 문장 내에서 단어의 순서는 청자와 화자가 함께 공유하고 있는 것을 언급하고, 그 다음 자신이 말하고자 하는 의도, 즉 그에 대한 답을 주게 된다.

(1) a. 모스크바는 러시아의 수도이다.
    b. 러시아의 수도는 모스크바이다.

위 두 예문은 주어와 서술어로 구성되어 있다. 그리고 그것은 주격 조사 "는"에 의해 구분된다.

(2) a. Москва — ***столица России***
    b. Столица России — ***Москва***

러시아어의 경우에는 Москва와 столица가 모두 주격으로 표현되었기 때문에 어느 것이 주어인지 단정하기가 애매하다. 바로 이러한 점 때문에 러시아어에서는 어느 것이 주어인가를 따지는 문장의 통사적 구분이 중요하지 않다는 것이다. 러시아어에서 더 중요한 것은 예문 (2a)에서는 Москва가, 예문 (2b)에서는 Столица가 왜 문장 첫머리에 오는가 하는 것이다. 이것을 알기 위해서는 먼저 **기능적 분절**(機能的 分節, актуальное членение, functional segment) 이라는 개념을 이해해야 한다.

문장을 주어, 서술어, 목적어로 나누는 것을 **통사적 분절**(統辭的 分節, синтаксическое членение)이라고 하는데 반해, 의미에 따라 문장을 나누는 것을 기능적 분절이라고 한다. 이 기능적 분절은 두 개의 단위로 이루어진다. 이 두 개의 단위는 **화제**(話題, тема)와 **정보**(情報, рема)라고 불린다.

화제는 발화(發話, высказывание)의 출발점으로서 화자가 말하고자 하는 대상이나 주제가 된다. **정보**는 발화의 귀착점으로서 화자가 알리고자 하는 내용을 가리킨다. 따라서 문장은 화제로 시작되어 정보로 끝나게 된다.

중립적 문체에서 화제는 정보보다 먼저 나온다.

따라서 위 예문 (2)는 다음과 같이 분절된다.

〈도표 1〉

화제	정보
a. Москва b. Столица России	столица России Москва

즉 예문 (2a)에서 화제는 Москва이고 정보는 столица России이다. 이것은 “Что это Москва?”에 대한 대답이다. 반면에 예문 (2b)에서는 화제가 Столица России이고 정보가 Москва이다. 이것은 “Что столица России?”에 대한 대답이다.

2.1.2 어순과 억양(интонация)의 관계

러시아어에서 기능적 분절의 어순은 억양과 보완적 관계에 있다. 대화를 나누는 동안 화자의 발화 의도는 먼저 억양에 의해 포착될 수 있다. 전형적인 억양 구조에서 **화제**는 어조의 갑작스러운 상승으로 구분된다. 반면에 **정보**는 어조의 **하강**과 마지막 부분에서의 **강세**에 의해 나타내어진다.

(3) Москва — столица России.

Столица России — Москва.

그런데 기능적 분절이 통사적 분절과 일치하지 않는 경우들이 있다. 이 때에는 억양의 구분이 기능적 분절에 따르지 않고 통사적 분절과 일치한다.

(4) a. (***Кто*** читает лекцию по порядку слов?)

— Лекцию по порядку слов читает ***профессор Кан***.

화제 // 정보(기능적)

목적어 // 서술어+주어(통사적)

b. (***Кто*** составит корейско-русский словарь?)

— Корейско-русский словарь составит ***профессор Кан***.

화제 // 정보(기능적)

목적어 // 서술어+주어(통사적)

그런데 문장이 주어와 서술어만으로 구성될 수 있다. 이런 문장은 단일 통합소(единая синтагма)로 구성되어 있다고 한다. 이러한 단일 통합소는 동일어조로 발화된다. 따라서 이런 문장에서는 억양의 상승조가 나타나지 않는다.

(5) a. Пришёл брат. b. Он учитель.

c. Мать отдыхает. d. Суп вкусный.

2.1.3 기능적 분절과 통사적 분절

문장을 구성요소의 의미에 따라 구분하는 것을 **기능적 분절**이라 하고, 그 기본 단위는 **화제**와 **정보**라고 하였다. 반면에 문장의 구성요소를 품사 중심으로 구분하는 것을 **통사적 분절**이라고 하고, 그 기본단위는 주어, 서술어, 보어, 상황어가 된다. 한국어와 영어에서 문장을 통사적으로 구분하는 단위는 주어, 서술어, 목적어, 보어이다. 따라서 러시아어에서는 보어와 상황어의 개념이 문제가 된다.

러시아어에서 **보어(дополнение)**는 한국어나 영어 문법의 보어(complement)보다 더 포괄적인 개념을 갖는다. 여기에는 대격의 형태를 갖는 **순수한 목적어** 뿐만 아니라 **여격** 또는 **조격** 형태의 **목적어**, 무인칭문의 의미상 주체로 쓰이는 **여격** 명사와 대명사, 목적어 역할을 하는 **피지배 전치사구**가 포함된다.

(6) a. Иван читал ***газету***.

b. Она училась ***русскому языку***.

c. Он занимался ***музыкой***.

d. Сегодня ***мне*** повезло.

e. Отец встречался ***с учителем***.

f. Мы разговариваем ***о прошлом***.

위 예문들에서 이탤릭체로 쓰여진 газету, русскому языку, музыку, мне, с учителем, о прошлом은 모두 보어이다.

상황어(обстоятельство)는 보통 부사어(**наречные слова**)라고도 생각할 수 있으나, 부사(наречие)만이 상황어 역할을 하는 것은 아니다. 부사어 이외에 전치사구(**предложные фразы**)도 상황어가 될 수 있다.

(7) a. Река ***медленно*** течёт.

b. Вода ***в реке*** чистая.

c. Мы учились русскому языку ***в этом университете***.

위 예문에서 상황어는 부사 медленно, 전치사구 в реке, в этом университете이다.

그런데 기능적 분절 단위로는 화제와 정보가 있는 반면, 통사적 분절 단위로는 주어, 서술어, 보어, 상황어 네 가지가 있다. 이에 따라 기능적 분절과 통사적 분절을 비교해 보면, 주어, 서술어, 보어, 상황어는 화제와 정보 두 기능을 다 수행할 수 있다.

〈도표2〉

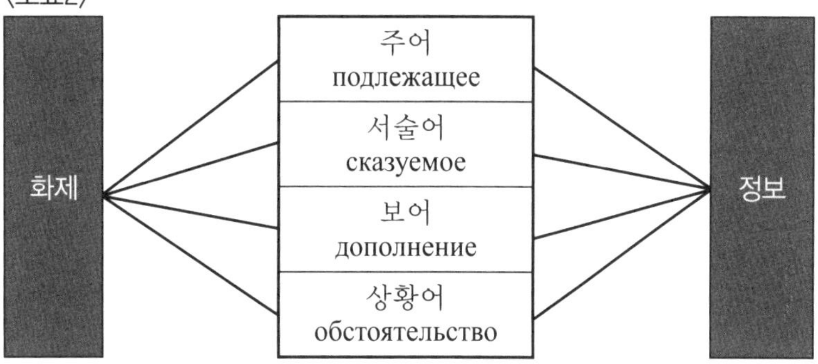

(8) a. ***Что*** Иван читал?

– Он читал ***журнал***.

b. ***Куда*** дел журнал?

– Журнал ***взяла моя сестра***.

c. ***Где*** живёт Иван?

– Он живёт ***на улице «Большая якиманка»***.

d. Иван живёт ***в районе «Юго-западная»***?

– ***Да***, он живёт в районе «***Юго-западная***».

e. ***Что*** делает Иван?

– Он ***отдыхает***.

f. ***Кто*** купил эту книгу?

– Эту книгу купила ***моя подруга.***

g. ***Как*** он говорил по-русски?

– Он говорил по-русски ***хорошо***.

h. ***С кем*** вы встретились?

– Я встретился ***с учителем.***

i. ***Кто*** занимается литературой?

– Литературой занимается ***мой брат***.

위 예문과 같이 주어, 서술어, 보어, 상황어는 각기 화제와 정보의 기능을 수행할 수 있지만 이것이 화제와 정보로 나뉘어지는 것은 발화의 의미 때문이다.

▶ 예 제

1. 다음 대화문의 대답 문장을 보기와 같이 화제(T)와 정보(R)로 구분하시오.

보기 – С кем ты встретился?

– Я встретился с другом.

T R

1) – Где Иван?

– Он уехал в университет.

2) – Кто звонил?

– Звонил мой отец.

3) – Сколько лет вы занимаетесь русским языком?

– Я занимаюсь русским языком три года.

4) – Как он работает?

– Он работает серьёзно.

5) – Где прожил большую часть жизни Л. Н. Толстой?

– Он прожил большую часть жизни в Ясной Поляне.

6) – Когда родился А. С. Пушкин?

– Он родился в 1899 году.

7) – Где проходили XXIV Олимпийские игры?
– XXIV Олимпийские игры проходили в Сеуле.

8) – Кто играет в футбол?
– Играют в футбол наши студенты.

9) – В каком университете вы занимаетесь?
– Я занимаюсь в университете иностранных языков «Хангук».

10) – Когда вы собираетесь уехать в Москву?
– Я собираюсь уехать в Мокву в воскресенье.

2. 다음 문장들을 억양에 주의하여 읽어보고 그 의미를 생각해 봅시다.

1) Кто это играет? — Играет Ирина.

2) Что делает Ирина? — Она играет.

3) Кто тебе помогает? — Помогает Маша.

4) Кто встречал его на вокзале? — Встречал его на вокзале брат.

5) Кто у вас разводит цветы? — Разводит цветы отец.

6) Что делает отец? — Он читает газету.

7) Где отец работает?

— Он работает в больнице.

(В больнице.)

3. 다음 문장들을 완전한 문장의 러시아어로 옮겨 보시오.

1) – 이반은 어디 있니?

– 이반은 수영장에 갔다.

2) – 책을 읽고 있는 사람이 누구예요?
– 이반이에요.

3) – 너는 서울에 언제 갈 거니?
– 수요일에

4) – 수요일에 너는 무엇을 할 거니?
– 친구 만날 거야.

5) – 당신이 좋아하는 작가는 누구입니까?
– 체홉입니다.

6) 그는 아침에 시끄러운 소리에 잠이 깨었다.(проснуться от)

7) 아이들의 두 뺨이 영하의 추위로 빨갛게 되었다.(покраснеть от)

8) 달에서는 공기와 물이 없어서 살 수 없다.(из-за отсутствия чего-л.)

9) 그 아이는 기뻐서 웃음을 터뜨렸다.(засмеяться от)

10) 회의가 시작되었다. 의장은 원로교수였다.(председательствовать)

4. 다음 텍스트를 억양에 주의해서 읽어 보고, 기능적 분절에 유의하여 해석해 봅시다.

Возникновение Москвы *овеяно тайной времени*, а ее история *хранит множество преданий.*

По одному из них, Москву основал *ещё внук библейского Ноя царь Мосох.*

На высокой горе, на месте нынешней Швивой горки он заложил «*градец малый*» и поселился в нем.

Жену Мосоха звали *Ква*, сына и дочь – Я и Вуза.

Отсюда *произошло название самой Москвы и реки Яузы.*

Есть другая удивительная легенда.

В глубокой древности на Боровицком холме – там, где сейчас *стоит Кремль, жил в одиноком скиту киевский витязь Букол.* Однажды во сне ему было возвещено, что на этом месте возникнет *город Москва. Ему суждено претерпеть множество испытаний от нашествия врагов и от пожаров, но будет он славен по всей земле.*

Пустынник поведал *о своем видении священнику села Косино.*

Под сводами храма они *стали молить Бога за будущую Москву,* и тогда им явилась *сама Божия Матерь.*

Церковь стала *медленно уходить в землю,* на ее месте *выступила вода и образовалось озеро.*

И будто бы до сих пор *не умолкают под землей молитвы двух старцев о святой Москве.*

(Лебедева ; Лупенко 1997 : 26-27)

2.2 문장 구조의 부차적 요소

2.2.1 부속 확장소와 한정소

앞에서 설명한 바와 같이 통사적 관점에서 문장의 성분은 **주어(подлежащее)**, 서술어(**сказуемое**), 상황어(**обстоятельственное слово**), 보어(**дополнение**)로 구분된다. 러시아어에서 보어가 포괄적 개념으로서 목적어, 무인칭문의 의미상 주체, 목적어 역할을 하는 전치사 구를 가리킨다는 점은 앞에서 언급한 바 있다.

(1) a. ***Машину*** уже продали.
b. ***Эту книгу*** уже прочитали.
c. Не говорите ***о прошлом.***
d. Сегодня ***мне*** повезло.

위 예문에서 машину, эту книгу, о прошлом, мне가 모두 보어이다. 이 보어는 주어와 서술어로 구성된 문장에서 행위의 대상인 객체를 보다 더 분명히 하기 위한 기능을 한다. 따라서 이것은 영어 문법에서의 보어(complement)나 목적어(object)보다 더 폭넓은 기능을 가진다.

문장을 서술어 동사를 중심으로 분석하면, 부사와 보어는 보통 의미적으로나 구문적으로 서술어에 종속되어 쓰인다. 따라서 이 성분들을 제 2성분(**второстепенный член**)이라 부르며, 독립적으로 화제나 정보의 기능을 수행할 수는 없다.

(2) a. Солнце медленно **садилось** на горизонте.
b. Маша хорошо **говорила** по-английски.
c. Огонь **осветил** всю поляну.
d. Огонь **привлечёт** к костру много насекомых
e. Огонь **даёт** людям тепло.

이와 같이 부사어나 보어는 서술어에 종속되어 의미를 확장시켜 주는 역할을 하므로 이것을 **부속 확장소(присловный распространитель)**라고 부르기도 한다.

2.2.2 한정소

종속적인 부사어나 보어가 의미 기능적으로 서술어로부터 독립되어 쓰일 때가 있다.

(3) a. Где ваша машина?

– (***Машину***) уже продали.

b. Вы ещё не читали эту книгу?

– Нет, (***книгу***) уже прочитал.

c. Зачем Иван вернулся домой?

– (Он вернулся домой) ***за книгой.***

d. Как Маша говорит по-английски?

– (Она говорит по-английски) ***хорошо.***

e. Когда студенты вернутся из экскурсии?

– (Они вернутся) ***через неделю.***

위 예문들에서 보어 машину, книгу와 부사 за книгой, хорошо, через неделю는 서술어와 관계없이 독립적인 기능을 수행하고 있다. машину, книгу는 독립적인 화제로서, за книгой, хорошо, через неделю는 독립적인 정보로서 의미적으로는 서술어와 기능이 다르다. 이와 같이 부속 확장소가 서술어와의 종속적 관계를 끊고 독립적인 기능을 수행할 때 이런 것을 **한정소(детерминант, детерминирующий)**라고 부른다. 독립적으로 쓰이는 한정소는 화제로서의 기능, 정보로서의 기능을 둘 다 수행할 수 있다. 위치상으로 **화제–한정소(детерминант-тема)**는 문장 첫머리에 놓이고, **정보–한정소(детерминант-рема)**는 문장 뒷부분, 즉 화제 뒤에 온다. 위 문장들을 화제와 정보로 구분하면 다음과 같다.

화제	정보	
(***Машину***)	уже продали	차는 **이미 팔렸다.**
(***Книгу***)	уже прочитал	책은 **이미 다 읽었다.**
(Он вернулся дом ой)	***за книгой***	그는 **책을 가지러** 돌아갔다.
(Она говорит по-английски)	***хорошо***	그녀는 영어를 **잘** 한다
(Они вернутся)	***через неделю***	그들은 **일주일 뒤에** 돌아올 것이다

아래 예문은 부사적 기능의 상황어들이 한정소가 되어 화제 또는 정보의 기능을 수행하는 경우를 보여준다.

(4) a. ***Величественным жестом*** он указал на дверь.

b. ***Перед моими глазами*** проносятся картины далёкого прошлого.

c. Он начал писать в журналах ***очень рано***.

d. Он сделал это ***умело и точно.***

e. В это утро он проснулся ***раньше обычного.***

2.2.3 한정소가 이중으로 사용되는 경우

시간과 장소를 나타내는 부사어들이 동시에 표현되는 경우들이 있다. 화제 기능을 수행하는 한정소에 시간과 장소를 가리키는 어휘가 동시에 포함될 때에는 시간의 한정소가 장소의 한정소보다 앞에 온다.

〈도표 3〉

화 제 – 한정소	
T_1	T_2
시간	장소

(5) a. ***9 января 1885 года в Москве*** открылась «Русская частная опера» Мамонтова.

(Фридман : 88)

b. **С тех пор Москву** стали величать бело-каменной.

(Лебедева; Лупенко 1997: 33)

사람을 가리키는 어휘가 한정소로서 부사어와 함께 쓰이는 경우가 있다. 이 경우에는 사람이나 사건의 주체를 가리키는 한정소가 시간, 장소, 조건을 나타내는 다른 한정소보다 뒤에 놓인다.

〈도표 4〉

화 제 – 한정소	
T_1	T_2
시간 · 장소 · 조건	행위주체

(6) a. ***Вчера <u>он</u>*** заболел.

b. ***На городском конкурсе <u>ему</u>*** присуждена первая премия.

c. ***После долгих исследований <u>ему</u>*** сделали операцию.

▶ 예 제

1. 다음 문장을 어순을 고려하여 완전한 문장의 러시아어로 옮기시오.

1) – 두 달 동안 그 작가는 무엇을 했습니까?
   – 희곡을 썼습니다.(работать над)

2) – 그 작가가 희곡을 쓰는데 얼마나 걸렸습니까?
   – 두 달 걸렸습니다.

3) – 당신의 아버님은 무엇을 하고 지내십니까?
   – 꽃을 가꾸며 지내십니다.(разводить)

4) – 우리와 인사를 나눈 분이 누구시지?(поздороваться с)
   – 저의 선생님이세요.

5) 오늘날 공장에서의 수작업은 최소화되었다. 거의 모든 공정이 자동화된 기계로 처리된다.(ручной труд, машины-автоматы)

6) 사냥꾼들은 모닥불을 지폈다. 불이 활짝 타올랐다.(разгореться)

7) 건물이 완공되었다.(완공된 결과를 강조)

8) – 소희는 시험을 어떻게 보았니?(сдать)
   – 잘 보았어.(на отлично)

9) – 너는 왜 그렇게 울상이니?(грустный вид)
   – 시험을 잘 못봤어.(не успешно)

10) 블라디보스톡에서 기차는 오래 서 있었다.(простоять)

11) 나와 같은 칸에 타고 있던 사람은 이르쿠츠크에서 내렸다.(выйти)

12) 멜레호프에 있는 체홉의 집에서는 생활이 평화롭고 조용하였다.(в Мелехове)

2. 동사를 중심으로 문장의 배열 관계를 살펴 보시오. 그리고 텍스트를 기능적 분절에 유의하여 해석해 보시오.

Уже много веков *бьётся* сердце Москвы, святая святых Государства Российского.

Отсюда, с Боровицкого холма, началась история Третьего Рима – священного города России.

В древности на месте златоглавых соборов и зубчатых стен Кремля *шумел* сосновый бор, и поэтому холм *называли* Боровицким. Уже в 1156 году по повелению князя Юрия Долгорукого здесь *выросли* крепостные стены.

Слово же «***Кремль***» или «***Кремник***», как называли московскую крепость в летописях, *появилось* впервые в 1339-1340 годах.

Тогда при Иване Калите *были возведены* новые стены из прочного дуба. Возможно, слово «кремль» *произошло* от древнегреческого «кремнос» - «твёрдый», но вероятно, что в основе лежит славянское слово «***крем***», «***кремник***», означавшее «бор» или «лес».

(Лебедева; Лупенко 1997: 33)

제 3 장
화제의 생략과 비분절문

| 핵심 용어 |

일상기술문 бытийные и констатирующие предложения
동작 상황어 обстоятельство образа действия
자동사 непереходные глаголы
무인칭문 безличные предложения
불특정인칭문 неопределённо-личные предложения
일반인칭문 обобщённо-личные предложения

다음 텍스트는 투르게네프의 소설 **Первая любовь**의 일 부분이다. 텍스트를 번역하면서 어순을 생각해 보시오.

*Я //никогда не забуду первых недель, проведённых мною на даче. Погода стояла чудесная; мы переехали из города девятого мая, в самый Николин день. Я гулял --- то в саду нашей дачи, то по Нескучному, то за заставой; брал с собою какую-нибудь книгу--- курс Койданова, например, --- но редко ее развёртывал, а больше вслух читал стихи, которых знал очень много на память; **<u>кровь бродила во мне, и сердце ныло ---// так сладко и смешно:</u> я все ждал, робел чего-то и всему дивился и весь был наготове; фантазия играла и носилась быстро вокруг одних и тех же представлений, как на заре стрижи вокруг колокольни; я задумывался, грустил и даже плакал; ***<u>но и сквозь слёзы и сквозь грусть, навеянную то певучим стихом, то красотою вечера, //проступало, как весенняя травка, радостное чувство молодой, закипающей жизни.</u>

*나는 다차에서 보낸 첫 몇 주일을 결코 잊지 못할 것이다.
**피는 몸 속을 헤매고 가슴은 옥죄었다. 아주 달콤한듯, 재미있는듯.
***그러나 때론 시의 운율을 따라 때론 석양의 아름다움을 타고 오는 눈물과 슬픔을 통해 봄날의 풀잎처럼 끓어오르는 젊은 생명의 희열이 스며 나왔다.

3.1. 일상기술문(бытийные и констатирующие предложения)

러시아어에서 모든 문장은 **화제**와 **정보**로 이분되는 **분절문**을 이루는 것이 원칙이다. 그러나 예외적으로 분절이 되지 않는 경우가 있다. 이 경우는 화제가 생략되고 정보만으로 문장이 구성되기 때문이다. 화제가 생략되는 것은 일반적으로 화제가 문맥이나 주변 발화 환경에 의해 전제가 되어 있기 때문이다. 그러나 **문맥과 관계없이** 화제가 나타나지 않는 문장에서는 발화의 일반적 환경이 화제를 내포하고 있기 때문이다. 이러한 발화는 **일상적인 상황**을 표현하는 경우에 나타난다. 문장과 발화는 같은 의미이다. 문장(предложение)은 문어적 관점에서 보는 것이고, 발화(высказывание)는 구어적 관점에서 이르는 것이다.

(1) a. Шёл дождь.
  b. Был ясный, морозный день.
  c. Стояли тёплые, погожие дни.
  d. Быстро пролетел отпуск.
  e. Идут годы.
  f. Существует Общество охраны природы.
  g. Рождается новый замысел.
  h. Послали за врачом.
  i. Повеяло свежестью.
  j. Надоело спорить.
  k. Наступила весна.

발 화	
(화 제)	정 보
ø	Шёл дождь 서술어 + 주어

위 예문들은 문장 전체가 정보(рема)로 구성되어 있으며 일상적으로 일어나는 변화를 표현하는데 쓰인다. 그래서 이런 문장을 **일상기술문**(日常記述文, бытийные и констатирующие предложения)이라고 부른다. 이 경우에는 화제가 없는 것이 아니고 화자와 청자 사이에 화제가 사전에 전제되어 있기 때문에 생략되는 것이다.

Ø 화제 + *Быстро пролетел отпуск.* 휴가가 금새 지나갔다.
Ø 화제 – *Идут годы.* 세월이 간다.

Ø 화제 – *Послали за врачом.* 의사를 모시러 보냈다.

(2) a. Прошла погода.
b. Шумит лес.
c. Зазвонил телефон.
d. Ударили морозы.
e. Кончается шторм.
f. Дул свежий ветер.
g. Мела метель.
h. Блеснула молния.
i. Прожужжала сонная пчела.
j. Моросит мелкий осенний дождь.
k. Раздался звонкий девичий смех.

서술어 동사가 부사, 즉 동작상황어(обстоятельство образа действия)를 부속확장소로 갖는 경우에 이 부사는 동사와 단일 어구를 형성하므로 분절에는 아무런 영향을 주지 않는다.

(3) ***Ласково*** веет ветер.
Внезапно погас свет.
Медленно поднялся занавес.
Тоскливо кричат птицы.
Неожиданно раздался шум.

3.2 시간이나 장소의 부사구가 있는 문장

시간이나 장소의 부사구를 갖는 발화문은 다음과 같은 경우 화제를 가진 분절문이 된다.

(4) 화제 정보
a. Вчера // шёл дождь.
b. В лесу // пахло сыростью.

예문 (4a)는 "어제 날씨가 어땠느냐?"에 대한 대답이고, 예문 (4b)는 "숲 속이 어떠하냐?"에 대한 대답이 된다. 따라서 위 예문들에서는 вчера와 в лесу가 발화를 이끌어 내는 화제가 된다.

(5) Какая погода была вчера? --- Вчера // шёл дождь.
Как было в лесу? --- В лесу // пахло сыростью.

이와 같이 시간이나 장소를 가리키는 전치사구가 동사 앞에 오면 이것은 한정소(детерминант)로서 독립적인 기능을 수행하는 화제로 분리된다.

(6) С реки // веет ветер.
В окнах // погас свет.
После увертюры // поднялся занавес.
На берегу // кричал птицы.
За сценой // раздался шум.

3.3 타동사가 자동사 기능을 하는 문장

이와 같이 2원문을 이루는 동사들은 대개 자동사(непереходные глаголы)들이다. 간혹 비분절 2원문에 타동사가 쓰이는 경우가 있는데, 이 때 이 동사는 그 기능이 자동사로 바뀌게 된다.

(7) // Бьют часы. 시계가 종을 친다.
// Ударила молния. 번개가 쳤다.
// Хлопнула дверь. 문이 쾅 닫혔다.

동사 Бьют, Ударила, Хлопнула는 타동사이나, 위 예문(7)에서 자동사로 쓰이고 있다.

3.4 무인칭문(безличные предложения)

무인칭문은 술어부사, 무인칭동사, 또는 부정소사가 정보의 중심 역할을 하는 발화이다. 이 문형은 화자의 의지와 관계없이 일어나는 사건이나 행위를 나타내고자 하는 표현 방식이다.

(8) 술어부사로 이루어진 발화

Жарко! , Хорошо! , Красиво!

(9) 무인칭 동사로 이루어진 발화
Хотелось есть. 먹고 싶었다.
Не работается. 일이 안 된다.
Не спится. 잠이 안 온다.
Петра знобит. 표트르가 오한이 난다.
Меня ко сну клонит. 나는 졸음이 온다.
Ивана лихорадит. 이반은 오한이 난다.
Рану рвёт. 상처가 쑤신다.

(10) 인칭동사가 무인칭적 의미로 표현된 발화
// Глаза засыпало песком. 눈에 모래가 들어갔다.

동사 засыпать는 원래 인칭 주어를 갖는 인칭 타동사이다. 그러나 위 예문에서는 중성 단수형의 무인칭 동사로 쓰이고 있다. 러시아에서는 자의지가 없는 물체를 능동적 표현의 주체로 나타낼 수 없다, 위 문장이 나타내는 사건은 인간의 의지와 관계없는 자연적 현상이다. 이러한 현상을 표현하는 무인칭문은 비분절문이다.

(11) 부정소사 нет(не было, не будет)가 쓰인 부정 발화
// Тогда не было денег. 그때 돈이 없었다.
// Завтра в школе не будет преподавателя. 내일 학교엔 선생님이 안 계실것이다.

존재의 부정을 나타내는 위 예문들도 무인칭문으로 표현되는 비분절문이다.

3.5 불특정 인칭문(неопределённо-личные предложения)

이 발화에서는 동사가 3인칭 복수의 불특정 인칭형으로 쓰이므로 화제에 해당하는 주어가 나타나지 않는다. 행위 주체가 이미 알려져 있거나 언급할 필요가 없는 경우 이 문형이 채택된다.

(12) [Что произошло?] Запустили очередной спутник.
Открыли новое месторождение.
Просят не курить.

3.6 일반 인칭문(обобщённо-личные предложения)

이 문형은 행위자와 관계없이 일어나는 보편적 사실이나 진리를 표현한다.

이 발화에서는 동사가 **2인칭 단수형**으로 쓰이며, 화제에 해당하는 2인칭 대명사 주어는 생략된다. 이런 발화는 속담, 격언 등에서 많이 이용된다.

(13) Не разгрызёшь ореха, так не съешь и ядра. (≈ 호랑이굴에 들어가야 호랑이를 잡는다.)
Выше головы не прыгнешь. (≈ 안분자족)
За малым погонишься, большое потеряешь. (≈ 소탐대실)
Руки не протянешь, так и ложки с полки не достанешь. (≈ 하늘은 스스로 돕는자를 돕는다.)

3.7 예외적 이원문

2원적 비분절문에서 예외적으로 주어가 서술어보다 앞에 와야 하는 경우가 있다.

(14) a. // Кто-то пришёл.
b. // Что-то случилось.
c. // Кто-то кричал.
d. // Что-то слышалось.

위 예문 (14)에서 주어인 кто-то, что-то는 불특정 대명사(неопределённое местоимение)이다. "불특정"이라는 것은 의미가 불명확한 만큼 정보로서의 가치도 아주 적다는 것을 말한다. 따라서 의미정보가 적은 кто-то, что-то는 상대적으로 의미 정보가 큰 동사의 앞에 놓여야 한다. 만일 Пришёл кто-то 또는 Случилось что-то라고 말해진다면, 이 문장의 논리적, 어구적 강세가 кто-то, что-то에 떨어져 이 대명사들이 문장의 중심인 정보라는 점이 강조되어야 한다.

(15) a. Пришёл // ***кто́-то.***
b. Случилось // ***что́-то.***

3.8 비분절문에서의 억양 구조

비분절문의 발화에서는 억양 구조를 주의해야 한다. 비분절문이 서술어와 주어로 구성된 2원문이라 하더라도 선형소(синтагма)는 하나이므로 억양은 동일 음조로 이루어진다. 즉, 화제와 정보의 구분이 없으므로 음조상에서는 변화가 나타나지 않는다.

(16) a. Проверяют аппаратуру.

b. Кричат птицы.

반면에 화제와 정보로 구분되는 분절문이 되면 음조의 높이가 문장 중간에서 바뀌게 된다.

(17) a. [Конференция прошла удачно.]

Организовал наш профессор.

b. [Что вас интересует?]

(Меня) Интересуют результаты.

▶ 예 제

1. 다음 예문들은 비분절문이다. 그 이유를 생각해 보시오.

1) 자연현상을 가리키는 동사에 의한 비분절문

Вечереет. — Вечерело.

Морозит. — Морозило.

Светает. — Светало.

Сквозит. — Сквозило.

Смеркается рано. — Смеркалось рано.

Темнеет. — Темнело.

Теплеет.

На солнце стало таять.

С крыши капает.

2) 일반인칭문

Ко всему привыкаешь.

Этого позора не смоешь.

Крови и кровью не смоешь.(속담)

Тише едешь, дальше будешь.(속담)

2. 다음 텍스트들에서 비분절문을 찾아 보고 해석하시오.

1) Выждала время, вышла на крылечко, оглянулась, не увидим ли кто, махнула цветным перышком в правую сторону – и откуда ни возьмись явились перед ней // *и карета хрустальная, и кони заводские, и прислуга в золоте, и платье, и всякие уборы из дорогих самоцветных каменьев.*

(Русские народные сказки «Перышко Финиста Ясна-Сокола»)

2) Идут двое сироток // по далёкому пути, по шикорому полю. Померли у них отец с матерью, оставили сиротами дочку Алёнушку да сынка Иванушку. Вот и пошли они странствовать по белу свету.

(Русские народные сказки «Сестрицы Аленушка и братец Иванушка»)

3) И вот наступил день, когда и справлять // уже больше было нечего. Всё уже сделано. Дрожащая рука ставит подпись в последний раз. И сразу внутри словно что-то оборвалось.

(Фридман : 137)

3. 다음에 주어진 두 텍스트를 각각 비교해 보시오.

1) **стучал дятел**을 화제와 정보로 구분하여 해석하시오.

a. Лес был полон звуков: трещали кузнечики, пели какие-то птицы, **стучал дятел**.

b. Сверху послышался громкий стук. Охотник поднял голову : ***Стучал // дятел.***

(Крылова ; Хавронина, 1984 : 26)

2) **Наступило лето**에 주의하여 텍스트를 해석하시오.

a. После полосы дождей и холодов пришло тепло. **Наступило лето**. На лесных полянах выше колен поднялась трава. Начала цвести липа.

b. В этом году зима была какая-то очень длинная, тяжёлая. Она сменилась недружной весной. Солнце проглядывало редко. Казалось, что никогда не будет ни тепла, ни солнца, ни лета. Но лето // **наступило.**

(Крылова ; Хавронина, 1984 : 30-31)

4. 다음 문장들을 화제와 정보에 유의하여 노어로 옮기시오.

1) 화창한 날이었다.
2) 따뜻하고 청명한 날씨가 계속되었다.
3) 마침내 학기가 시작되었다.
4) 방학이 금새 다 지나갔다.
5) 결정의 순간이 다가오고 있다.
6) 의사를 부르러 사람을 보냈다.(послать за)
7) 가구를 가져왔다.(привезти)
8) 불이 꺼졌다.(погасти)
9) 반년이 지났다.
10) 우리 지역에 환경보호단체가 있다.
11) 새로운 생각이 떠올랐다.
12) 삶의 목표가 생겼다.
13) 말다툼하는 게 지겨워졌다.(надоесть)
14) 나는 쉬고 싶었다.
15) 월요일에 연주회가 있었다.
16) 눈보라가 쳤다.(мести)
17) 갑자기 소나기가 퍼부었다.(разразиться)
18) 천둥번개가 쳤다.(блеснуть, загреметь)
19) 짧은 북쪽 지방의 여름이 다 지나갔다.
20) 가랑비가 부슬부슬 내린다.(моросить)
21) 당당한 여자아이들의 웃음소리가 들렸다.(раздаться)
22) 야쿠티아에서는 새로운 다이아몬드 광산이 발견되었다.(месторождение алмаза)

제 4 장
어구에서의 단어 결합

| 핵심 용어 |

일치의 관계 связь согласования
지배의 관계 связь управления
부가의 관계 связь примыкания
성질 형용사 качественные прилагательные
관계 형용사 относительные прилагательные
피지배어 управляемый / зависимый
지배어 управляющий / главный

문장의 직접구성요소(Immediate Construction Elements)는 어휘(lexicon)이다. 그러나 어휘가 문장 층위에 이르기 전에 어구(фраза) 층위를 한번 더 거칠 수도 있다.

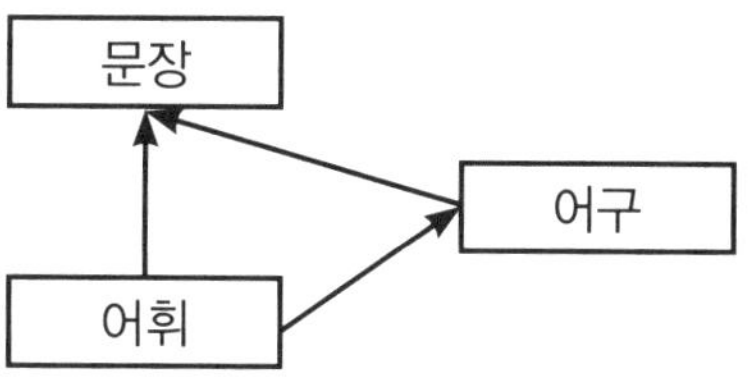

따라서 문장의 직접구성요소로서 어휘의 배치 단계를 살펴보기 전에 먼저 문장의 하위 구성요소인 어구에서 어휘들이 어떻게 결합되는가를 알아야 한다.

문장 내에서 어휘가 어디에 배치되는가 하는 것은 의미적 기능에 의해 결정된다고 하였다. 문장의 앞부분에는 화제에 해당하는 단어가 오고, 뒷부분에는 정보에 해당하는 단어가 온다.

반면에 어구(фраза)에서는 그 결합 순서가 의미적 기능보다 어휘의 품사적 특성에 의해 결정된다. 즉, 어휘 사이의 **통사적 관계(синтаксическая связь)**에 의해 결합된다. 이러한 관계에는 결합 어휘의 어미가 일치되어야 하는 **일치의 관계(связь согласования)**, 표제어(главное слово)와 종속어(зависимое слово)가 격에 의해 지배되는 **지배의 관계(связь**

управления), 그리고 일치와 격 지배와는 관계없이 의미의 확장이나 부연을 위해 종속어를 부가시키는 **부가의 관계(связь примыкания)**가 있다.

4.1. 일치 관계의 어구(словосочетания на основе согласования)

다음 텍스트는 투르게네프의 소설 **Первая любовь**의 일부분이다. 텍스트를 번역하면서 어순을 생각해 보시오.

*Дача наша состояла // из *деревянного барского* дома с колоннами и *двух низеньких* флигельков; во флигеле налево помещалась крохотная фабрика дешевых обоев... Я не раз хаживал туда смотреть, как десяток худых и взъерошенных мальчишек в засаленных халатах и с испитыми лицами то и дело вскакивали на дерерянные рычаги, нажимавшие четырёхугольные обрубки пресса, и таким образом тяжестью своих тщедушных тел вытаскивали пестрые узоры обоев. Флигелек направо стоял пустой и отдавался внаймы. **В один день - недели три спустя после девятого мая - ставни в окнах этого флигелька // отркрылись, показались в них женские лица - какое-то семейство в нем // поселилось. Помнится, в тот же день за обедом матушка осведомилась у дворецкого о том, кто были наши новые соседи, и, услыхав фамилию княгини Засекиной, сперва промолвила не без некоторого уважения: «А! княгиня... - а потом прибавила: - Должно быть, бедная какая-нибудь».

*우리 다차는 원주기둥이 있는 귀족식 목조 건물로 2채의 나지막한 곁채가 딸려 있었다.
**5월 9일 이후 3주쯤 지난 어느 날 이 곁채의 덧창이 열리고, 그 사이로 여자들의 얼굴이 보였다. 그곳에 어느 가족이 이사를 온 것이었다.

어구에서 일치의 관계는 주로 형용사, 형동사 그리고 대명사를 명사와 결합시킬 때 적용된다. 이때에는 수식어가 피수식어 앞에 놓이며 성, 수, 격이 일치되어야 한다.

수식어가 피수식어 앞에 놓인다.
Зависимый (определяющий) компонент стоит перед главным(определяемым).

Белый дом-#
남성 단수 주격

(1) белый дом
зелёный дом
каменные здания
мой друг
моя шапка
вторая пьеса
пятая часть
поющий мальчик
читающая девочка

4.1.1. 러시아어에서는 현재시제에서 연계사(быть)가 사용되지 않는다.

예를 들어 형용사와 명사가 수식어와 피수식어로서 일치의 관계로 이루어진 어구인지 주어와 술어로서 서술적 관계로 이루어진 문장인지는 어순에 의존해서 구별할 수 밖에 없다.

(2) 어구 : 수식어 + 피수식어
мой дом
красивая женщина

(3) 문장 : 화제 + 정보
дом // мой
Дом был (будет) // мой.

예문 (2)는 “나의 집”, “아름다운 여자”라는 어구이지만, 예문 (3)은 “Чей это дом?” 이라는 질문에 대한 대답으로 “집은 내 것이다”라는 뜻이다.

4.1.2. 명사 앞에 여러 개의 수식어가 올 때

명사 앞에 일치 관계를 갖는 대명사와 형용사들이 여러 개 올 때에는 그 대명사들과 형용사들이 어떤 순서로 오는지 분명히 해 두어야 한다.

대명사와 형용사가 함께 쓰이게 될 때 이 둘 사이에도 순서가 있는가?

이미 앞에서 언급된 대상을 반복하는 대명사는 **대체적 지시소(анафора)**로서의 기능을 가진다. “새로운 정보”라는 관점에서는 형용사보다 구체성과 정보적 가치가 미약하다. 따라서 명사를 기준으로 볼 때 형용사가 명사에 더 가까이 배치되어야 한다.

대명사 + 형용사 + 명사

(4) мой младший брат
его новая книга

4.1.3. 형용사가 둘 이상 있을 때

그러면 명사 앞에 형용사가 둘 이상 있을 경우에는 어떻게 하는가? 그 형용사 사이에는 순서의 개념이 작용하지 않는가?

러시아어에서 형용사는 **성질 형용사(качественные прилагательные)**와 **관계 형용사(относительные прилагательные)**로 구분된다. 형용사들이 두 개가 겹쳐 올 때에는 이러한 의미상 특성에 따라 순서가 결정된다.

성질 형용사는 사물이나 사람의 특성을 묘사하는 형용사들로 다음과 같은 것들이 있다.

색 : белый, чёрный, красный…
형태 : маленький, большой, высокий ...
물리적 특성 : лёгкий, тяжёлый, молодой...
내재적 특성 : добрый, злой, упорный...

이에 반해 사물이나 사람과의 관련성을 나타내는 파생 형용사들은 **관계 형용사**라 한다. 관계형용사는 형용사 접미사 {-н-}, {-ск-}등이 붙어 파생되는 형용사들이다.

железо : желез-н-ый
камень : камен-н-ый
дорога : дорож-н-ый
солнце : солнеч-н-ый
дети : дет-ск-ий
друг : друже-ск-ий
зима : зим-н-ий

(5) a. белый высокий дом
высокий белый дом
b. осенняя дождливая погода
дождливая осенняя погода

위 예문 (5a)의 어구에서 수식어인 형용사들은 성질 형용사들끼리 결합된 것이다. 이에 대한 한국어 해석은 "큰 흰 집" 또는 "흰 큰 집" 둘 다 가능하다. 그 다음 예문 (5b)의 수식어는 관계 형용사들끼리 결합되었다. 이것은 "가을의 비오는 날씨" 또는 "비오는 가을 날씨" 둘 다 가능하다.

그러면 수식어에 성질 형용사와 관계 형용사가 동시에 올 때에도 순서에 구애되지 않고 결합되는가?

가령 "나무로 만든 예쁜 집"이라는 표현을 러시아어로 옮겨보자.

나무로 만든 : деревянный
예쁜 : красивый
집 : дом

한국어 식으로 이 어휘들을 결합하면 деревянный красивый дом이 되어도 무방한 듯 보인다. 그러나 이것은 러시아어의 문법 논리에 어긋난다. 앞에서 보듯이 명사와 결합되는 수식어들은 의미적 연관성이 큰 것이 명사에 가까이 위치한다. 그런데 деревянный와 красивый를 의미적으로 비교해 보면 전자는 **구체적**인데 비해, 후자는 **일반적** 특성을 나타낸다. 이런 이유로 위 구문은 красивый деревянный дом이라고 해야 한다. 즉 관계 형용사가 성질 형용사보다 명사에 가까이 위치한다.

형 용 사		명 사
성 질	관 계	

한국어에는 관계 형용사에 해당하는 독립된 품사는 없다. 대신 "~의"라는 소유적 기능을 가진 조사가 관계 형용사를 만드는 역할을 한다. 한국어에서도 "나무로 만든 예쁜 집"이란 바로 "예쁜 목조가옥"이라고 바꿔 쓸 수 있다. 이런 점에서 한국어의 복합명사는 러시아어에서 "관계 형용사 + 명사"에 해당된다고 할 수 있다.

(6) 흰 석조가옥 белый каменный дом
긴 철로 долгая железная дорога

큰 산업도시 большой промышленный город
전통 한국 음악 традиционная корейская музыка
현대 한국 미술 современная корейская живопись

다른 한편으로 러시아어의 관계 형용사는 의미가 확장되어 성질 형용사와 같은 의미를 가질 수도 있다.

(7) a. грустная осенняя погода
b. осенняя грустная погода

위 두 예문은 (7a) "음울한 가을날씨", (7b) "가을처럼 음울한 날씨"로 각각 해석된다. осенняя는 "가을의"라는 관계 형용사이지만 성질 형용사보다 앞에 위치하게 될 때 이것은 관계 형용사의 의미를 상실하고 대신 "~처럼, ~같은"의 성질 형용사의 의미를 획득하게 된다.

(8) резкий зимний ветер (= резкий ветер зимы)
зимний резкий ветер (= резкий ветер как зимой)
прочный каменный дом (= прочный дом, построенный с камнями)
каменный прочный дом (= прочный дом как камень)

위 예(8)에서 이탤릭체로 표기된 *зимний, каменный*는 성질 형용사이다.

4.1.4. 명사 앞에 여러 대명사들이 올 때

대명사와 형용사가 명사 앞에 동시에 위치할 때에는 대명사가 형용사보다 더 앞에 놓인다고 하였다. 그러면 여러 종류의 대명사들이 함께 명사 앞에 올 때에는 어떤 순서로 배열되는가? 대명사도 형용사처럼 그 기능에 따라 지시 대명사, 소유 대명사, 특정 대명사, 불특정 대명사로 구분이 된다.

지시 대명사(указательные местоимения) : тот, этот, такой
소유 대명사(притяжательные местоимения) : мой, твой, наш, ваш, свой
특정 대명사(определённые местоимения) : весь, всякий, каждый, целый, иной, любой, другой, сам, самый, многие
불특정 대명사(неопределённые местоимения) : некоторый, несколько, кое-какой,

	какой-то, чей-то, чей-нибудь, какой-нибудь

위 대명사들은 '**정보**'라는 관점에서 명사와의 고유한 밀접성에 따라 배열된다.

· 원칙 1: 특정 대명사는 지시 대명사보다 앞에 온다.

(9) 그런 다른 질문들 другие такие вопросы
이런 많은 과제들 многие эти задачи

· 원칙 2: 특정 대명사는 소유 대명사보다 앞에 온다.

(10) 그의 모든 의심들все его сомнения
나의 다른 친구 другой мой друг
너의 제안은 무엇이든지 любое твоё предложение
우리 가족 전부 целые наши семьи

· 원칙 3: 불특정 대명사는 특정 대명사와 동일한 위치에 온다.

(11) 이러한 몇몇 학생들 некоторые эти студенты
나의 몇몇 친구들 несколько моих друзей

· 원칙 4: 지시 대명사는 소유 대명사보다 앞에 온다.

(12) 우리의 그러한 임무 такие наши задачи
그녀의 이러한 요구 этот её спрос

결론적으로, 대명사들은 특정 대명사, 지시 대명사, 소유 대명사의 순서로 명사 앞에 놓인다.

대 명 사			명 사
(불)특정	지 시	소 유	

(13) 그녀의 이러한 몇몇 제안들 некоторые эти её предложения
우리의 이러한 모든 친구들 все эти наши друзья
너의 이런 과제는 무엇이든 любые эти твои задачи

4.1.5. 러시아어와 한국어의 차이

형용사와 대명사의 어순을 살펴보면 한국어와 러시아어 사이에는 어순 배열기준에 큰 차이가 있음을 알 수 있다. 한국어는 화자에게 중요하거나 명사와 밀접한 의미를 갖는 것을 먼저 말한다. 반면에 러시아어는 중요한 것일수록 명사 가까이에 배치시켜 나중에 언급하게 된다.

한국어:

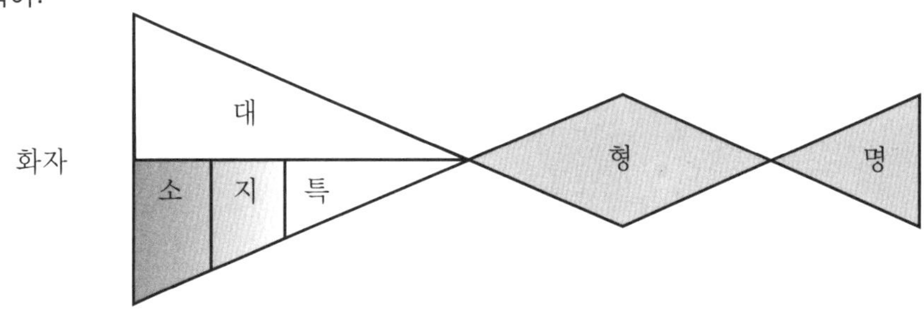

러시아어:

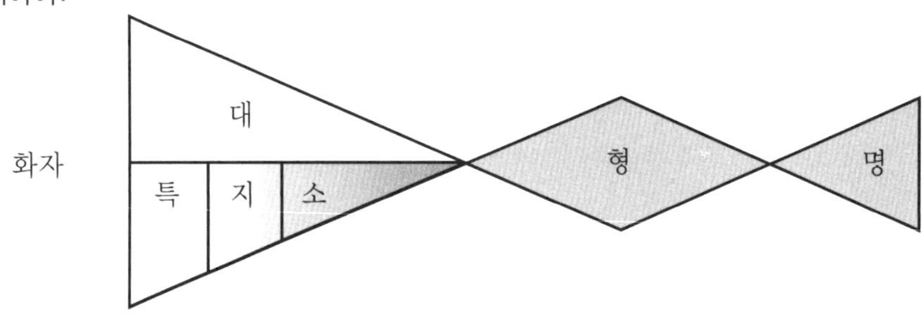

(14) 그의 그런 아름다운 여자친구 такая его красивая подруга
나의 그런 모든 어려운 문제들 все такие мои трудные проблемы

▶ 예 제

1. 다음 텍스트를 읽고 일치 관계 어구를 찾아 보시오.

В Успенском соборе находится **высокий пятиярусный** иконостас, **традиционный** для русских церквей. В Византии иконостас представлял собой **небольшую** перегородку, **отделяющую** основное пространство храма от алтаря с престолом. На нее верующие могли ставить иконы, **принесенные** из дома, и молиться перед ними. **В Московской** Руси появляются **высокие** иконостасы, выражающие глубокую религиозную идею. Основной мыслью иконостаса становится единство Ветхозаветной и Новозаветной церкви во Христе.

(Лебедева ; Лупенко 1997 : 43)

2. 다음 어구들을 러시아어로 옮기시오.

1) 쌀쌀한 3월의 밤이었다.(мартовская, холодная)
2) 에이는 듯한 북풍이 불어왔다.(резкий, северный)
3) 차가운 가을 공기(холодный, осенний)
4) 낯익은 흰색의 모터 보트(белая, моторная)
5) 태양이 기승을 부리는 무더운 날(солнечный, жаркий)
6) 유행이 지난 스포츠화(старомодные, туфли)
7) 한국의 젊은 화가(художник)

3. 다음 어구나 문장들을 러시아어로 옮기시오.

1) 이번 봄 방학
2) 내가 좋아하는 일
3) 우리의 모든 희망
4) 우리는 그의 말 한마디 한마디를 새겨 들었다.(ловить)
5) 이번에는 당신의 상투적인 변명이 소용없을 것이다.(обычные, отговорки)
6) 우리의 새로운 동료를 여러분에게 소개하겠습니다.(сотрудник)
7) 새로운 서점
8) 그의 최근 조각 작품(последняя, скульптурная)
9) 나의 모든 설명(объяснение)
10) 근본적인 사회 변혁(перемены)

4.2. 지배 관계의 어구(словосочетания на основе управления)

다음 텍스트는 투르게네프의 소설 **Первая любовь**의 일부분이다. 텍스트를 번역하면서 어순을 생각해 보시오.

У меня было привычка бродить каждый вечер с ружьем по нашему саду и караулить ворон. К этим осторожным, хищным и лукавым птицам я издавна чувствовал ненависть. В день, о котором зашла речь, я также отправился в сад - и, напрасно исходив все аллеи (вороны меня признали и только издали отрывисто каркали), *<u>случайно приблизился к низкому забору, отделявшему собственно наши владения от узенькой полосы сада, простиравшейся за флигельком направо и принадлежавшей ко нему.</u> **<u>Я шёл // потупя голову.</u> Вдруг мне послышались голоса; я взглянул через забор - и окаменел.. Мне представилось странное зрелище.

*우연히 낮은 담장 쪽으로 다가갔다. 담장은 우리 집과 좁은 정원을 갈라 놓았다. 곁채 넘어 오른쪽으로 뻗어 있는 정원은 곁채에 속해 있었다.
**나는 머리를 숙이고 걸었다.

러시아어에서는 명사, 동사, 형용사, 부사들이 각기 종속 관계에 있는 어휘들에 대해 고유한 격 형태를 요구할 수 있다. 이러한 격 형태는 어휘적으로 지정되어 있다. 이때 어결합 순서는 지배받는 성분인 피지배어(управляемый / зависимый компонент)가 지배하는 성분인 지배어(управляющий / главный компонент)보다 뒤에 위치한다는 것이다. 본 장에서는 지배관계를 어구들을 지배하는 품사를 중심으로 논의한다. 지배하는 품사는 명사, 동사, 형용사, 부사, 비교급, 수사가 있다. 전치사와 명사의 지배 관계는 명사, 동사 등 주요 품사의 지배 관계에서 함께 다루기로 한다.

4.2.1. 명사 지배형 어구

명사가 또 다른 명사에 의해 지배될 때에 지배받는 명사는 뒤에 온다.

이때 피지배 성분은 전치사를 동반하거나 전치사 없이 지배 명사가 요구하는 격변화형을 갖게 된다.

지배성분	피지배(종속)성분
명 사	명 사

(16) экзамен *по математике* (+ по чему-л.)
вопросы *по тексту* (+ по чему-л.)
памятник *Пушкину* (+ кому-л.)
пословицы *о науке* (+ о ком-чём-л.)
человек *с книгой* (+ с кем-чем-л.)
встреча *с легендой* (+ с кем-чем-л.)

4.2.2. 동사 지배형 어구

동사가 명사에 대해 지배 관계를 가질 때 명사는 동사의 뒤에 위치해야 한다. 이것은 명사가 동사에 대해 문법적으로 지배를 받기 때문이다.

지배성분	피지배성분
동 사	명 사

(17) интересоваться *музыкой* (+ кем-чем-л.)
заниматься *математикой* (+ чем-л.)
стать *врачом* (+ кем-чем-л.)
верить *другу* (+ кому-чему-л.)
учиться *русскому языку* (+ чему-л.)
бояться *собак* (+ кого-чего-л.)
отойти *от окна* (+ от кого-чего-л.)

그런데 동사가 명사 이외에 대명사도 함께 지배하는 경우에는 대명사를 동사와 명사 사이에 위치하도록 한다. 이것은 대명사의 정보성이 낮기 때문이다.

<table>
<tr><td>지배성분</td><td colspan="2">피지배성분</td></tr>
<tr><td>동 사</td><td>대 명 사</td><td>명 사</td></tr>
</table>

(18) a. Он спас мне жизнь.(спасти *кому-л. жизнь*)
Он спас жизнь *Наташе*.
b. Учитель рассказал нам о родине.(рассказать *кому-л. о чём-л.*)
Учитель рассказал о родине *новым студентам*.

c. Отец дал мне подарок.(дать *кому-л. что-л.*)
Отец дал подарок *Ивану*.

위 예 (18)에서 행위의 수혜자인 간접 목적어가 명사나 고유명사로 특정인을 지칭하는 경우에는 간접 목적어가 제일 뒤에 온다. 이것은 이 성분의 정보성이 행위의 대상인 жизнь, о родине, подарок보다 높아지기 때문이다.

4.2.3. 형용사 지배형 어구

일치 관계의 어구에서는 형용사가 명사보다 앞에 온다. 그러나 지배 관계의 어구에서 형용사가 명사를 지배할 때에는 지배받는 명사가 형용사 뒤에 위치한다. 명사는 형용사의 문법적 요구에 따라 전치사를 동반하거나 특별한 격변화 형태를 갖는다.

지배성분	피지배성분
형용사 / 형동사	명 사

(19) довольный *его результатом* (+ кем-чем-л.)
верный *жене* (+ кому-чему-л.)
знакомый *с моими детьми* (+ с кем-чем-л.)
полный *раздумий* (+ чего-л.)
любимая *матерью* (+ кем-л.)
известный *всему миру* (+ кому-чему-л.)
богатый *витаминами* (+ чем-л.)
способный *к математике* (+ к чему-л.)
безучастный *к происшествию* (+ к кому-чему-л.)
важный *для общества* (+ для кого-чего-л.)
внимательный *к ученикам* (+ к кому-чему-л.)
бледная *от страха* (+ от чего-л.)
враждебный *обществу* (+ кому-чему-л.)
добрый *к детям* (+ к кому-чему-л.)
тёмное *от загара* (+ от чего-л.)
равнодушный *к женщине* (+ к кому-чему-л)

위 예들 중에서 верный는 여격 지배 형용사로서 피지배어 жена로부터 여격형 жене를 요구한다. 그래서 верный жене는 «아내에게 충실한»이라는 뜻이다. 그러나 верная жена 라고 한다면, 이 어구는 일치의 관계로서 «충실한 아내»라는 전혀 다른 뜻을 갖게 된다.

형용사 지배형 어구와 일치 관계의 명사가 하나의 어구를 만들 때에는 명사의 위치에 주의해야 한다.

예를 들어, "우리 애들에게 친절한 이웃"이라는 어구를 러시아어로 옮길 때 필요한 어휘는 наши, дети, добрый, к, сосед이다. 이 어휘들을 결합시키면 적어도 2개의 예문을 가정해 볼 수 있다.

(20) a. *добрый сосед к нашим детям
b. добрый к нашим детям сосед

위 예문들을 도해하면 다음과 같다.

(20) 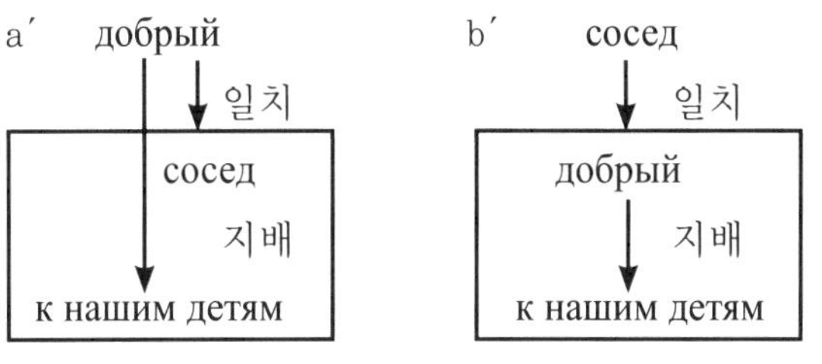

(20a')에서 형용사 добрый는 сосед에 의해 그 목표 대상(цель)인 к нашим детям과 분리되어 있다. 그러나 (20b')에서 добрый와 к нашим детям은 앞뒤로 연결되어 있다. 그런데 일치 관계 어구는 성, 수, 격의 형태가 일치되므로 격리되어져도 문제 없으나 지배 관계의 어구는 바로 앞뒤의 어구끼리만 결합이 허용된다. 이것을 의미적 관계로 분석해 보면, 투사체와 그 이미지 그리고 그 이미지가 투사되는 피투사체로 나누어 볼 수 있다.

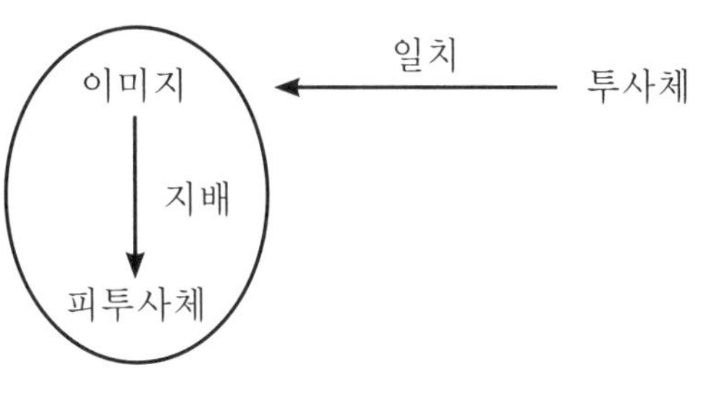

투사체와 이미지는 하나의 병렬적 일치 관계를 이루는 반면, 피투사체는 이미지가 직접 투사되어야 하는 종속적 위치에 놓인다. 이것을 선형적으로 배치하면 다음과 같다.

이미지 ∋ 피투사체 = 투사체

따라서 예문 (20a)는 비문(非文)이 되고, 예문 (20b)만이 정문(正文)이 된다.
다음의 예문들은 지배 관계와 일치 관계를 동시에 갖는 어구에 대한 예들이다.

(21) Способный к математике студент без трудности понимает программу.
Любимую матерью книгу взял мой друг.
Вежливость – это важный для общества принцип.
Не надо выбирать равнодушного к экономике президента.
Знакомый с экономикой политик умеет проводить страну в правую сторону.
Полный раздумий интеллигент предвидит будущие последствия.
Василиса была первая на все село красавица. (сказка <<Василиса Прекрасная>>)

4.2.4. 부사 지배형 어구

러시아어에서는 부사가 명사를 지배할 수 있다. 이 때 명사는 부사가 요구하는 전치사나 격 변화 형태를 취하며 그 부사 뒤에 위치하게 된다.

지배성분	피지배성분
부 사	명 사

(22) вверх *ногами* (+ чем-л.) 발을 위로 하고
наружу *мехом* (+ чем-л.) 털을 겉으로
вблизи *школы* (+ кого-чего-л.)
наперекор *другим людям* (+ кому-чему-л.)
больно *руку* (+ что-л.) 손이 아프다
видно *деревню* (+ кого-что-л.)
слышно *песню* (+ кого-что-л.)
жаль *мать и сестру* (+ кого-что-л.)
мне жалко *денег* (+ кого-чего-л.)
жалко *времени*

наедине *с ним*

наравне *с другими*

незадолго *до войны*

задолго *до рассвета*

вразрез *с общим мнением*

украдкой *от учителя*

4.2.5. 비교급 지배형 어구

비교급은 비교 대상이 되는 명사가 생격을 가지도록 하며, 항상 명사보다 앞에 위치한다.

지배성분	피지배성분
비교급	명 사

(23) a. Он моложе *меня.*

b. Он в два раза богаче *меня.*

c. раньше *всего*

d. Она красивее *всех других.*

e. Лев сильнее *всех других животных.*

f. Старый друг лучше *новых двух.*

4.2.6. 수사 지배형 어구

수사는 명사, 형용사, 대명사를 지배할 수 있다. 이 때 피지배 성분의 격과 수는 수사에 따라 달라진다. 수사 2, 3, 4는 명사 단수 생격을 지배하고, 반면에 5이상의 수사는 복수 생격을 요구한다.

수사 2, 3, 4는 형용사를 가질 수 있다. 이 때 명사가 남성과 중성이면 형용사는 복수 생격 형태를, 여성이면 복수 주격 형태를 지배한다.

(24) a. На столе лежат три маленьких стакана.

b. В комнате четыре больших стола.

c. На стене висят две красивые картины.

수사가 5 이상의 수를 갖는 경우에는 항상 복수 생격을 지배한다.

(25) a. У нас в курсах пять *отличных студентов.*

b. У меня десять *интересных книг.*

그런데 명사 앞에 수사와 소유 대명사가 함께 올 때에는 배열 순서가 달라질 수 있다. 이에 따라 그 의미도 달라진다.

(26) a. Я прочитал два *ваших* романа.

b. Я прочитал *ваши* два романа.

첫번째 예문 (26-a)는 다음과 같이 도해가 된다.

(26) a′

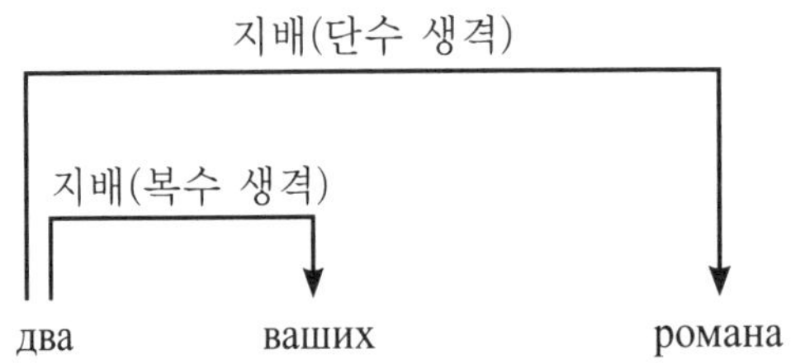

러시아어에서 два는 뒤에 오는 형용사나 대명사가 복수 생격형을 취하고 명사는 단수 생격형을 취할 것을 요구한다. 따라서 이 구문은 "당신의(쓰고 있거나 가지고 있는) 소설 중 2편"을 의미한다. 즉, два (из) ваших (романов) романа가 된다.

두번째 예문 (26-b)는 다음과 같이 도해가 된다.

(26)b′

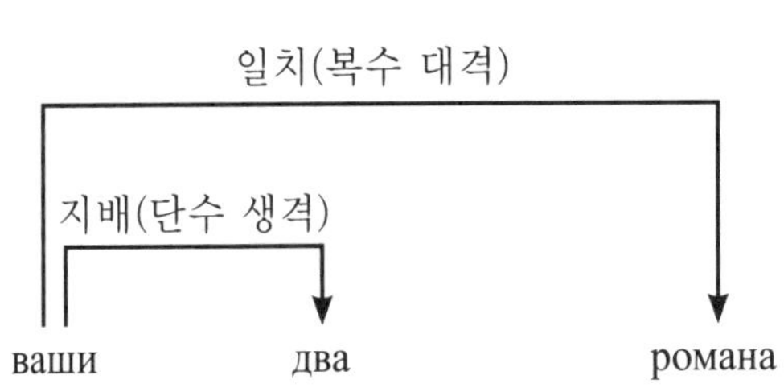

이 구문은"당신의 (쓰고 있거나 가지고 있는) 소설 2편 (모두)"의 의미로 해석 된다.

▶ 예 제

1. 다음의 지배 관계 어구들을 익히시오.

1) 술어부사에 의한 무인칭문

// Мне скучно.

Все ушли, и мне // стало скучно.

Много пассажиров вышло, и в вагоне // стало просторно.

Без детей в доме // казалось пусто.

По вечерам в нашем доме // бывает шумно и весело.

Ему // было смешно вспоминать об этом.

Мне // необходимо видеть вас.

Наверх // можно будет подняться на лифте.

// Слышно *музыку.*

// Не слышно *музыки.*

// Видно *дорогу.*

// Не видно *дороги.*

У него // не стало *сил.*

2) 신체적 상황, 기분 등을 나타내는 무인칭 비분절문

(1) 대격을 지배하는 무인칭 동사

Петра знобит.

Меня ко сну клонит.

Наташу лихорадит.

Ивана продолжало лихорадить.

Больного рвёт.

Нас тянуло друг к другу.

Меня зудило посмотреть, как они отнесутся к моему появлению. (Распутин)

(2) 여격을 지배하는 무인칭 동사

Мне нездоровится.

Ей не работается.

Ему не спится.

Мне хочется пить.

Пробовал читать, не читалось.

Мне везёт в карты.

Мне повезло.

Ученику удалось решить задачу.

Отцу довелось побывать на собрании.

3) 자연현상에 관한 무인칭문

(1) 조격을 지배하는 무인칭 동사

Дачу // *зажгло молнией.*

Подвал // *залило водой.*

Избу // *занесло снегом.*

Его // *убило электричеством.*

// *Водой смыло много земли с берегов.*

// *Лодку перевернуло волной.*(= Волна перевернула лодку.)

// *Луга затопило водой.*(= Луга затоплены водой.)

// *Градом побило пшеницу.*(= Пшеница побита градом.)

(2) 자동사 또는 타동사에 의한 무인칭문

Вчера на стройке // **задавило** человека(생격).

// Лодку(대격) **качало.**

Киев // **начало** заносить туманом(조격).

У нас на Лукьяновке // **пахло** талым снегом(조격).

// **Капало** с крыши.

2. 해석에 맞게 (   )속의 주어진 어휘들을 알맞게 배열하시오.

1) (1. Кремля, для врагов, неприступные, стены, деревянные) сильно страдали от беспощадных пожаров. В 1366-1367 годах московский князь Дмитрий Иванович, которого после Куликовской битвы назовут Донским, (2. вокруг, из белого камня, повелел, Кремля, возвести, укрепления).

С тех пор Москву стали величать белокаменной.

(Лебедева;Лупенко 1997 : 33)

1. 적들이 접근하기 어려웠던 크레믈린의 목조성벽
2. 크레믈린 주변에 흰 돌로 요새를 짓도록 명령하였다.

2) На Руси погребение совершали до заката, чтобы покойник мог проститься с солнцем до воскресения из мёртвых. Гроб накрывали каменной плитой, и возлагали на него (1. отпевания, свечи, после, загашенные) — в знак погашения всякой вражды.

Перед гробницами всегда теплились лампады и горели свечи: в своих духовных завещаниях князья наказывали своим детям соблюдать, «чтобы память о родителях не преставала и свеча бы их на гробах родительских не угасла».

Первым в кремлевской усыпальнице был похоронен ее основатель Иван Калита — в старом соборе, которой стоял здесь до творения Фрязина. Всего здесь находится 53 гробницы, в которых погребены великие князья и цари — от Калиты до Ивана Алексеевича, брата Петра I. (2. переноса, со времени, в Петербург, столицы) императоров стали хоронить в усыпальнице Петропавловского собора. Единственным исключением стал Петр II. скоропостижно скончавшийся накануне своей свадьбы в Москве в 1730 году.

(Лебедева;Лупенко 1997 : 49)

1. 장례 뒤에 다 탄 초를
2. 수도를 페테르부르그로 옮긴 때부터

3) ***Казанский собор*** — (1. храмов, из восстановленных, в постсоветское, время, первый, в Москве). Он был построен во второй четверти X VII века в честь Казанской иконы Божией Матери (2. России, захватчиков, за избавление, от польско-литовских, во благодарности) в 1612 году и в память погибших русских воинов.

Казанская икона Божией Матери – одна из самых чтимых в Москве. Она была обретена в Казани 8 июля 1579 года: по легенде, девятилетняя девочка Матрона трижды видела во сне Пресвятую Богородицу, которая указывала ей место под развалинами дома, где находился Её чудотворный образ. Девочка рассказывала об этом видении местному священнику Ермолаю, и икона действительно была найдена в указанном месте.

Прошло 30 лет, и казанский священник Ермолай стал знаменитым патриархом Гермогеном. (3. для России, в страшное, Смутное время) он возглавил борьбу за сохранение русской государственности, став идейным вдохновителем русского ополчения.

(Лебедева ; Лупенко 1997 : 69-71)

1. 모스크바에서 소비에트 시대 이후에 복원된 사원들 중 첫번째 것
2. 폴란드-리투아니아 침략자들로부터 러시아를 구출해 준 데 대해 감사하기 위해
3. 러시아가 경험한 무서운 혼란기에

3. 다음 어구들을 러시아어로 옮기시오.

1) 비타민이 풍부한 과일
2) 세계적으로 유명한 학자
3) 햇볕에 탄 피부(кожа)
4) 친구와 단둘이(наедине)
5) 머리를 아래로(вниз)
6) 동물에 관한 책(животные)
7) 수학에 재능이 있는 학생(способный)
8) 정치에 무관심한 사람(безучастный / равнодушный)
9) 요리에 중요한 양념(приправа)
10) 신체조직에 꼭 필요한 물질(необходимый для)
11) 산업 폐기물로 오염된 강(загрязнённый)
12) 남성과 동등한 권리(равный)

4.3. 부가 관계의 어구 (словосочетания на основе примыкания)

다음 텍스트는 투르게네프의 소설 **Первая любовь**의 일부분이다. 텍스트를 번역하면서 어순을 생각해 보시오.

В нескольких шагах от меня - на поляне, между кустами зеленой малины, стояла высокая стройная девушка в полосатом розовом платье и с белым платочком на голове; вокруг нее теснились четыре молодых человека, и *она поочередно хлопала их по лбу // теми небольшими серыми цветками, которых имени я //не знаю, но которые хорошо знакомы //детям: эти цветки образуют небольшие мешочки и разрываются с треском, когда хлопнешь ими по чему-нибудь твердому. Молодые люди так охотно подставляли свои лбы - а в движениях девушки (я ее видел сбоку) было что-то такое очаровательное, повелительное, ласкающее, насмешливое и милое, что я чуть не вскрикнул от удивления и удовольствия и, **кажется, тут же бы отдал все на свете, чтобы только и меня эти прелестные пальчики // хлопнули по лбу. ***Ружье мое // соскользнуло на траву, я все забыл, ****я пожирал взором // этот стройный стан, и шейку, и красивые руки, и слегка растрепанные белокурые волосы под белым платочком, и этот полузакрытый умный глаз, и эти ресницы, и нежную щеку под ними...

*그녀는 작은 회색빛 꽃으로 그들의 이마를 차례대로 톡톡 때렸다. 난 그 꽃 이름을 몰랐다. 그러나 애들은 잘 알고 있었다.
**예쁜 손가락이 내 이마를 때려주기만 하면 세상의 모든 것을 당장 내어줄 것만 같았다.
***총이 손에서 미끄러져 풀밭에 떨어졌다.
****나는 뚫어져라 쳐다 보았다. 늘씬한 몸매, 가는 목,... 그 아래 부드러운 뺨.

러시아어에서 변화형 어미를 갖지 않는 부사(наречие), 부동사(деепричастие), 미정형(инфинитив)은 이들과 동반하는 명사, 동사, 형용사, 부사들에 의미만 부가한다. 따라서 부사, 부동사, 미정형은 의미를 부가할 뿐 성, 수, 격에 따라 형태적으로 변화하지는 않는다. 따라서 이러한 어구를 부가 관계의 어구라 한다.

4.3.1. 명사 표제형

1) 미정형 부가

표제어 명사에 미정형이 부가되는 어구에서는 미정형이 명사 뒤에 위치한다.

주 성분	의존 성분
명 사	미 정 형

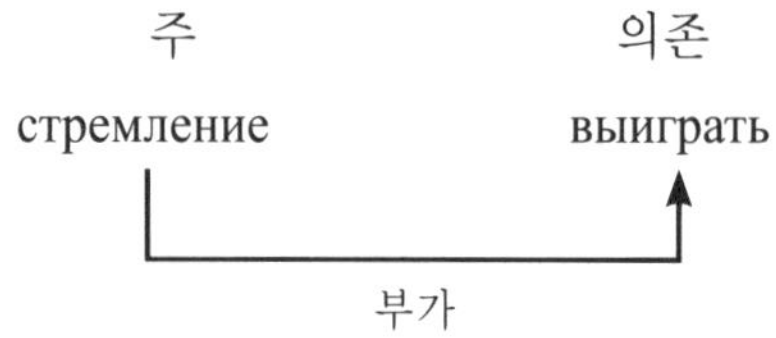

(27) a. пожелание стать врачом 의사가 되고자 하는 바램

b. стремление выиграть 승부욕

c. мастер выстрелить 명사수

d. страсть курить 흡연욕

e. опасность жечься 화상 위험

또한 이 어구에 부가되는 의존 성분 외에 지배 관계의 종속 성분이 함께 포함될 수 있다. 이 때 종속 성분은 주 성분과 더 가까운 자리를 차지한다.

(28) a. Обязанность **матери** ухаживать за детьми

b. Намерение **писателя** написать роман

위 두 예문을 도해하면 다음과 같이 된다.

(28) a′

(28) b′

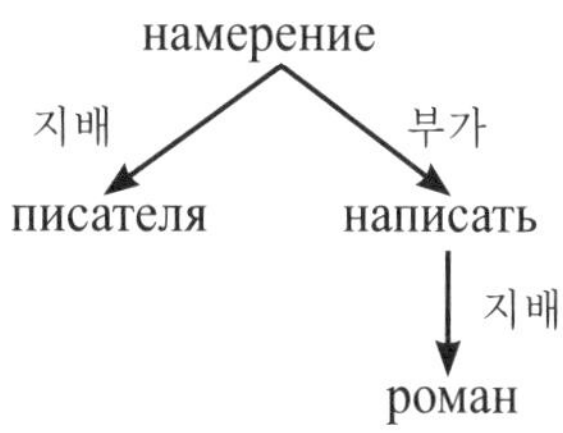

이러한 결합에서는 어순이 바뀌면 비문(非文)이 되는 대신 뜻이 달라진다.

(29) "계획을 바꾸고자 하는 당국의 의도"

이 어구는 다음과 같은 관계로 구성된다.

(29) a

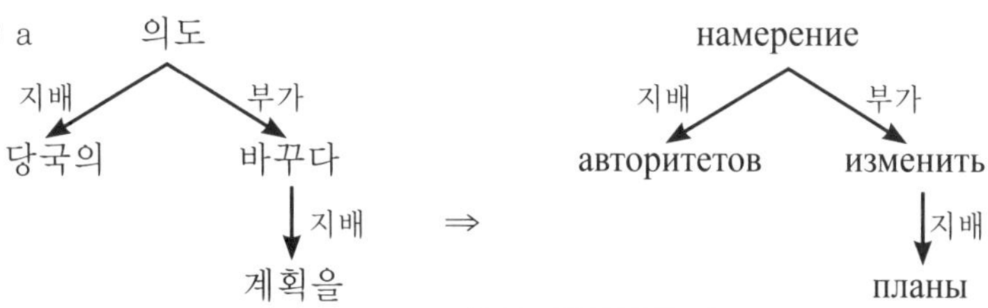

намерение авторитетов изменить планы

만일 위 어구를 намерение изменить планы авторитетов로 옮긴다면 그것은 다른 구조로 분석된다.

(29) b

즉, 이 어구는 "당국의 계획을 바꾸고자 하는 의도"라는 의미에 해당되어 잘못된 번역이 된다.

2) 부사 부가

러시아어에서는 부사가 명사를 수식할 수 있다. 그런데 이 부사가 **성질부사**(наречия с качественным значением)이면, 항상 명사 뒤에 위치한다.

주 성분	의존 성분
명 사	성질부사

(30) a. мясо по-киевски 키예프식 고기 요리

b. взгляд исподлобья 곁눈질

부가되는 부사가 **수량부사**(наречия с количественным значением)이면 명사 앞에 놓인다. 이때 수량부사는 의미적으로 명사에 보통 **부정적인 가치**를 부여한다.

(31) a. почти поэт 어설픈 시인, 시인인 체 하는 사람

b. немножко идеалист 어설픈 이상주의자

c. слегка гений

d. капельку фантазёрка

e. немного романтик

f. вовсе глупость

3) 불변 형용사 부가

형용사 중에는 변화어미를 갖지 못하는 것들이 있다. 이것은 "불변 형용사"로서 성질부사처럼 명사 뒤에 위치한다.

주 성분	의존 성분
명 사	불변 형용사

(32) a. пальто *беж* 베이지색 외투

b. юбка *клёш* 플레어(flare) 스커트

4.3.2. 동사 표제형

1) 부사 부가

동사에 부가되는 부사는 항상 동사 앞에 놓인다.

의존 성분	주 성분
부 사	동 사

의존 주

хорошо ← знает

(33) a. Он серьёзно учился.

b. Иван по-другому понимал её ситуацию.

c. Он искренне говорит.

d. Она хорошо работает.

예외적으로 동사 뒤에 오는 부사들도 일부 있다. 이런 부사들은 "**후치형 부사**"라 한다. 이런 것들에는 *по-русски, вприпрыжку, пешком, верхом, вприсядку, кролем*등이 있다.

(34) a. Он говорит *по-русски*.

b. Он бежал *вприпрыжку*.

c. Он потанцевал *вприсядку*.

d. Она плыла *кролем*.

e. Она приехала *верхом*.

이러한 후치형 부사들과 결합된 동사 어구들이 명사 어구로 바뀌어도 부사들은 주성분 뒤에 위치하게 된다.

(35) a. Ехать верхом → езда *верхом*

b. Идти пешком → ходьба *пешком*

2) 부동사 부가

부동사가 동사를 수식하는 경우에도 부사처럼 동사 앞에 위치한다.

의존 성분	주 성분
부 동 사	동 사

(36) a. Он *сгорбившись* сидел на диване.

b. Иван *задыхаясь* вбежал в кабинет и был оглушён.

c. Старик *не спеша* поднимается на гору.

d. Вчера я *не переставая* писал черновик учебника.

e. Снежки *кружась* падают.

3) 미정형 부가

동사와 미정형이 한 어구를 이룰 때에는 미정형이 동사 뒤에 놓인다.

주 성분	의존 성분
동 사	미 정 형

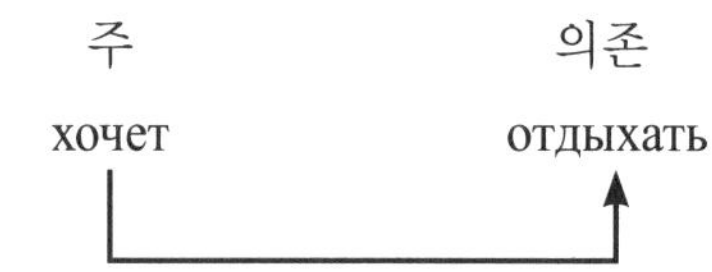

(37) a. Он хочет *спать*.

b. Она собирается *поехать заграницу*.

c. Мой коллега начал *редактировать мою статью*.

이때 주성분인 동사가 피지배어를 갖는 경우에 그것은 동사와 미정형 사이에 위치해야 한다.

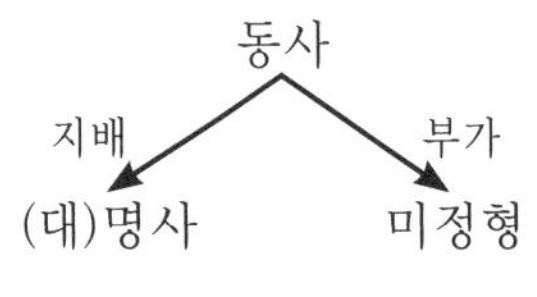

« пригласил ***Ивана*** пообедать вместе »

함께 점심먹자고 이반을 초대했다

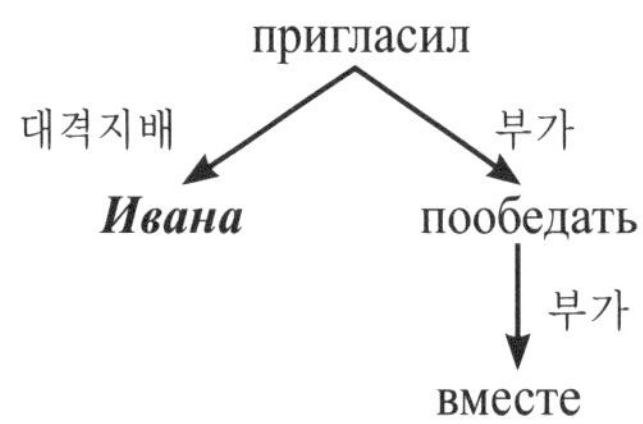

(38) a. Я пригласил Ивана пообедать вместе.

b. Учитель спросил его переписать задания.

c. Отец велил мне не курить.

d. Они мешали ему работать.

4.3.3. 형용사 표제형

1) 부사 부가

형용사에 부사가 부가될 때 그것은 항상 형용사 앞에 온다.

의존 성분	주 성분
부 사	형용사

의존 주

очень хороший

(39) a. *очень* интересная книга

b. *совсем* новая идея

c. *неприемлемо* плохое предложение

d. *изящно* вышитый светер

2) 미정형 부가

형용사에 미정형이 부가되면 그것은 항상 형용사 뒤에 위치한다. 이때 미정형은 영어의 부사적 부정사와 유사한 기능을 한다.

주 성분	의존 성분
형용사	미정형

주 의존

интересный слушать

(40) a. Он способен *решить* такие вопросы.

b. Я очень рад *помочь* вам.

c. Я обязан *помочь* ему.

d. Он внимателен *не сделать* ошибки.

4.3.4. 부사 표제형

부사에 또 다른 부사가 종속어로서 부가되면 그 부사는 앞에 온다.

의존 성분	주 성분
부 사	부 사

의존　　　　　주

очень　　　　хорошо

(41) a. *очень* хорошо

b. *совсем* плохо

c. *рано* утром

d. *неприступно* высоко

e. *искренне* вежливо

▶ 예 제

1. 다음 텍스트를 읽고 부가적 관계로 결합된 어구를 찾아 보시오.

1) Жизнь на свете – значит выбирать и стремиться ; кто выбирает и стремится, тот служит некоторой ценности, в которую он верит.

(Ильин 1993 : 44)

2) С середины X VII века ее стали называть «***Красной***», что в древнерусском языке значило «красивая». Красная площадь всегда была главной площадью Москвы. Здесь разъезжали глашатаи с царскими указами, **объявляя** собравшемуся народу государеву волю, и сам государь **иногда** обращался к московскому люду с Лобного

места. В большие церковные праздники на Красную площадь из Кремля совершался крестный ход, и тогда вся площадь заполнялась народом, **превращаясь** в огромный молящийся Храм. Именно здесь выросли величественные соборы, посвященные Пресвятой Богородице, Заступнице Москвы и всей земли Русской….

(Лебедева ; Лупенко 1997 : 59)

3) В ноябре 1941 года в осажденной столице на Красной площади состоялся знаменитый парад советских войск, откуда они уходили **прямо** на фронт. А в июне 1945 года здесь прошли колонны Парада Победы, и 200 гитлеровских знамен были брошены к подножию Мавзолея.

В настоящее время Красная площадь **вновь** обрела свой исторический облик — усилиями московских властей национальные святыни **недавно** были востановлены. Храм Покрова Божией Матери (собор Василия Блаженного) построен в середине X VII века по указу Ивана Грозного в честь взятия Казанского ханства, части бывшей Золотой Орды. 1 октября 1552 года, в праздник Покрова Божией Матери, начался штурм Казани, который закончился победой русского войска. Храм возводили в 1555-1561 годах русские зодчие Барма и Постник Яковлев. Известна легенда, что, **увидев** его, Иван Грозный повелел ослепить мастеров, чтобы они не смогли **больше нигде** построить такое чудо. Престол центрального шатра освящен во имя Покрова Богородицы, и собор **полностью** стал называться храмом Покрова Божией Матери. (Маленькая северо-восточная церковь Василия Блаженного, **позже** построенная на могиле почитаемого в Москве юродивого, дала **потом** всему храму другое, более распространенное название — собор Василия Блаженного).

(Лебедева ; Лупенко 1997 : 61-63)

2. 다음을 러시아어로 옮기시오.

1) 러시아식 서명
2) 봄처럼 꾸민 정원
3) 부대찌개
4) 곁눈질(исподлобья)
5) 아랍식 커피
6) 우즈베크식 사실릭

7) 왕방울 눈(навыкате)
8) 헛일(впустую)
9) 소리내어 읽기(вслух)
10) 바다여행
11) 소근거리는 대화(вполголоса)

3. 다음을 일치, 지배, 부가 관계에 유의하여 러시아어로 옮기시오.

1) 저는 그렇게 비싼 선물을 받을 수 없습니다.
2) (열차의) 차창으로 그의 짧게 깎은 머리가 보였다.(стриженый)
3) 학교가 생각났다. 그리고 학교에서 가진 그 마지막 파티가 생각났다.
4) 모스크바에서 내가 가장 성스럽다고 생각한 곳은 트레티야콥스키 미술관이다.
5) 그의 최신 조각 작품들 주변에 사람들이 몰렸다.
6) 건강에는 비타민이 많은 과일이 좋다.
7) 우리 학교에 세계적으로 유명한 학자가 방문하셨다.
8) 슬라브 학술 대회에서 한-노 관계에 중요한 문제가 제기되었다.
9) 21세기에 여성들은 모든 부문에서 남성과 동등한 권리를 가지게 될 것이다.
10) 그 소설의 작가가 묘사한 생활상은 한국 농촌의 전형적인 모습이다.
(типичный для)
11) 그는 한국에서 최초로 메달을 딴 선수였다.
12) 그의 행동은 아주 부적절하였다.
13) 편지는 완전히 알아볼 수 없었다.(неграмотно)
14) 맞은 편 집 문간에 키가 큰 사람이 나타났다.(напротив)
15) 왼쪽의 불이 특히 강했다.(слева)
16) 가을의 하루하루는 아주 천천히 저물었다.(осенний день)
17) 나는 뒤뚱거리는 걸음새를 보고 그를 금방 알아봤다.(походка вразвалку)
18) 이 새끼곰을 보는 게 아주 재미있었다.(забавно)
19) 나에게 바이칼에 가야겠다는 생각이 떠올랐다.(возникнуть)
20) 나는 생물학과에 입학하려는 네 생각에 찬성한다.(намерение поступить)
21) 우리가 함께 간 사람은 유머가 많았고 웃기기를 좋아했다.(попутчик)

제 5 장
어구의 기능화

| 핵심 용어 |

기능화 актуализирование
서술적 관계 предикативная связь
반 술어적 관계 полупредикативная связь

제 3장에서 어휘들이 서로간의 통사적 관계에 의해 어구로 결합되는 과정을 살펴 보았다. 이러한 관계는 통사적으로 일치, 지배, 부가로 구분되었다. 그러나 이러한 통사적 관계는 외적인 형식적 구조에 불과하다. 통사적 관계를 그대로 유지하면서도 내적으로는 서로 다른 의미적 기능을 수행하게 되는 경우가 있다. 이 때 서로 다른 기능을 수행한다는 것은 그 어휘들이 각기 화제와 정보로 나뉘어 문장 내에서의 위치가 서로 달라지게 된다는 것을 뜻한다. 이러한 문법적 현상을 기능화(актуализирование)라고 하며, 이것은 일치, 지배, 부가의 관계를 갖는 모든 어구에서 일어날 수 있다. 즉, 기능화란 일치나 지배나 부가의 관계 속에서 화제 또는 정보에 속하던 하나의 어구들이 서로 분리되어 화제나 정보로 서로 다른 기능을 갖는 것을 말한다.

5.1. 일치 관계 어구의 기능화

다음 텍스트는 투르게네프의 소설 **Первая любовь**의 일부분이다. 텍스트를 번역하면서 어순을 생각해 보시오.

*В мое отсутствие матушка получила от новой своей соседки письмо на серой бумаге, запечатанной бурым сургучом, **какой употребляется // только на почтовых повестках да на пробках дешевого вина. В этом письме, написанном безграмотным языком и неопрятным почерком, княгиня просила матушку оказать ей покровительство: матушка моя, по словам княгини, ***была хорошо знакома с значительными людьми, от которых зависела ее участь и участь ее детей, так как у ней были очень важные процессы.

*내가 없는 동안 어머니는 새로운 이웃으로부터 회색 종이에 쓴 편지를 받았다. 편지는 갈색 밀랍으로 봉인되어 있었다.
**그것은(편지지는) 우편 통지문이나 싸구려 포도주 마개로나 쓰이는 것이었다.
***유력한 인사들을 잘 알고 있었다.

5.1.1. 기능화

(1) a. ***Первая премия*** за лучший проект моста присуждена // Андрею и Лукьянову на городском конкурсе.

b. Андрею и Лукьянову на городском конкурсе // присуждена ***первая премия*** за лучший проект моста.

c. ***Премия*** // ***первая***.

위 예문(1a)와 (1b)에서 первая премия는 일치 관계의 어구이다. 예문(1a)에서는 이 어구가 화제에 속하고, 예문(1b)에서는 정보에 속한다.

	일치 →	
(1a, 1b)	***Первая***	***премия***
	수식	피수식
	화제	정보
(1c)	***Премия*** //	***первая.***
	주어	술어

예문(1a)는 “Кому присуждена первая премия за лучший проект моста?”에 대한 대답이다. 예문(1b)는 “Что случилось с Андреем и Лукьяновым на городском конкурсе?”에 대한 대답이다. 반면에 예문(1c)에서는 премия와 первая의 일치 관계의 어구가 정보(тема)와 화제(рема)로 분리되었다. 이것을 일치 관계가 기능화되었다고 한다.

이것은 이 문장이 “Какая это премия?”에 대한 대답이기 때문에 премия는 화제의 기능을 수행하고, первая는 정보의 기능을 수행하는 것이다. 이와 같이 의미적으로 기능이 달라지게 되어 일치 관계의 어구가 분리되는 것이 바로 일치 관계의 기능화라고 할 수 있다. 이때 두 어휘의 종속적 관계는 서술적 관계(предикативная связь)로 바뀌고, 그에 따라 어순도 달라지게 되는 것이다.

5.1.2. 반술어적 관계(полупредикативная связь)

(2) a. *Красные и ароматные* цветы часто сравниваются // с красивыми женщинами.

b. Цветы, *красные и ароматные*, часто сравниваются // с красивыми женщинами.

위 두 예문은 어휘적으로 구성이 동일하다. 다만 어순에서 차이가 나타난다. 예문 (2a)에서 красные и ароматные는 종속성분으로서 цветы와 일치적 관계를 갖는다. 반면에 예문 (2b)에서 красные и ароматные는 술어적 관계로 결합되어 있다. 따라서 예문 (2a)의 어구는 많은 꽃들 중 "아름답고 향기로운" 꽃으로 한정하는 제한적 의미를 나타내는 데 비해, 예문 (2b)의 어구는 꽃의 속성이 모두 "아름답고 향기롭다"라는 포괄적 의미를 가리킨다.

이것을 화제 (T, t)와 정보(R, r)로 도식화하면 다음과 같이 구분할 수 있다.

(2)a′

기능 / 성분	T	R
종속	красные и ароматные	Часто … с красивыми женщинами
주	Цветы	Сравниваются

(2)b′

<table>
<tr><th>기능 / 성분</th><th>T</th><th>R</th></tr>
<tr><td>종속</td><td></td><td>Часто … с красивыми женщинами</td></tr>
<tr><td>주</td><td><table><tr><th>기능 / 성분</th><th>T</th><th>R</th></tr><tr><td>종속</td><td></td><td></td></tr><tr><td>주</td><td>Цветы</td><td>красные и ароматные</td></tr></table></td><td>Сравниваются</td></tr>
</table>

(2a′)에서 красные и ароматные와 цветы는 일치 관계이지만, 종속과 주성분이라는 수식적 관계를 이룬다. (2b′)에서 красные и ароматные는 цветы는 역시 일치 관계로서 함께 화제(T)에 속한다. 그러나 이 어구는 화제(T) 안에서 다시 화제(t)와 정보(r)로 분리되어 술어적 관계로 연결된다. 이러한 하위 개념의 **술어적 관계**를 러시아어 문법에서는 **반술어적 관계**(полупредикативная связь)라고 한다.

▶ 예 제

1. 다음은 일치 관계 어구들이 기능화된 예들이다. 읽고 해석해 보시오.

1) Олень, ***изящный и добровидный***, часто сравнивается с ангелом.
2) Первая девушка пела частушки ***весёлые, бойкие, отчаянные***, а вторая – ***грустные, мягкие, лирические.***
3) Семена к ним завозили отличные.
   Урожаи собирали очень ***высокие.***
4) Я люблю слушать отца.
   Рассказчик он ***талантливейший.***
5) Сосны росли за баней – ***толстые, суковатые,*** кора на комле в вершок, и их давно надо бы срубить.
6) Было холодно, как в погребе.
   На огромной сцене, сбоку сидел за столом президиум.
   В глубине сцены висела карта Европейской России, ***покрытая разноцветными кружками,*** они почти сплошь заполняли всё пространство.
   Перед картой стоял маленький человек, в ***меховом пальто, без шапки.***"

(Фридман : 174)

7) Из нашего класса на полянку иногда избегал Тишкин, ***суетливый, с моргающими глазёнками мальчишка, любивший на уроках поднимать руку.***

(В. Распутин 1982 : 32)

2. 다음 텍스트에서 일치 관계 어구가 기능화된 어구들을 찾아보시오.

Название улице дал // находившийся здесь в X VI - X VII веках Ильинский монастырь с соборной церковью Илии Пророка.

Ильинка была центральной улицей Китай-города. С незапамятных времен здесь располагался крупнейший московский торг со специальными рядами, где продавались самые разнообразные товары. Названия некоторых рядов сохранились в именах переулков – **Рыбный, Хрустальный, Ветошный**(здесь продавали поношенную одежду – ветошь). В X IX веке Ильинка становится деловым центром города: здесь открываются крупнейшие российские банки – Азово-Донской, Петербургский, банк Рябушинских.

(Лебедева ; Лупенко, 1997 : 95)

5.2. 지배 관계 어구의 기능화

다음 텍스트는 투르게네프의 소설 **Первая любовь**의 일부분이다. 텍스트를 번역하면서 어순을 생각해 보시오.

*Я застал матушку// в неприятном расположении духа: отца не было дома, и ей не с кем было посоветоваться. Не отвечать «благородной даме», да ещё княгине, было невозможно, а как отвечать - матушка недоумевала. **Написать записку по-французски казалось ей // неуместным, а в русской орфографии сама матушка не была сильна - и знала это и не хотела компрометироваться. Она обрадовалась моему приходу и тотчас приказала мне сходить к княгине и на словах объяснить ей, что матушка, мол, моя всегда готова оказать ее сиятельству, по мере сил, услугу и просить ее пожаловать к ней часу в первом. ***Неожиданно быстрое исполнение моих тайных желаний меня // и обрадовало и испугало; однако я не выказал овладевшего мною смущения - и предварительно отправился к себе в комнату, чтобы надеть новенкий галстух и сюртучок: дома я ещё ходил в куртке и в отложных воротничках, хотя очень ими тяготился.

*어머니는 기분이 별로 좋아 보이지 않았다.
**프랑스어로 편지를 쓰는 것이 그녀에게는 익숙치 않았다.
***은밀한 소원을 뜻하지 않게 빨리 이루게 된 것이 나는 기쁘기도 하고 두렵기도 하였다.

(3) a. Директор *созвал собрание.*
b. ***Собрание*** уже созвали.

(4) a. Врач *сделал операцию.*
b. ***Операцию*** уже сделали.

(5) a. Много художников *рисовало такой же пейзаж.*
b. ***Такой же пейзаж*** много рисовали.

위 예문들 중 (a) 예문들은 지배 관계를 유지하고 있는 어구들이 정보 기능을 수행하고 있다. 반면에 (b) 예문들에서 피지배어들은 화제가 되고, 주성분이었던 동사들은 정보가 되어 지배 관계의 어구가 분리되었다. 이것은 지배 관계 어구가 기능화되었기 때문이다.

화제 정보

(3') Директор // созвал собрание.

Собрание // уже созвали.

(4') Врач // сделал операцию.

Операцию // уже сделали.

(5') Много художников // рисовало такой же пейзаж.

Такой же пейзаж // много рисовали.

이렇게 지배 관계가 기능화되어 주종관계의 어휘들이 화제와 정보로 분리되는 예는 구어체에서 특히 많이 나타난다.

(6) Кого *ты видел вчера в кино*?

- Учителя.(*Вчера в кино я видел* // учителя.)

(7) Где *ты встретился с отцом*?

- В центре.(*С отцом я встретился* // в центре.)

위와 같이 구어체 발화에서는 화제에 해당하는 지배동사가 생략되고, 정보만으로 발화가 이루어지는 경우가 많다.

다음 문장들은 존재 부정문이 기능화되어 피수식어인 대상이 화제가 되어 문장 앞 부분으로 전위되는 경우들이다.

(8) *Вчера вечером отца* // не было дома.

Меня завтра // не будет в институте.

В зале свободных мест // не было.

Таких трудностей // не существует.

Несчастья // не произошло.

Этой книги в магазине //не оказалось.

사건을 표현하는 문장에서 기능화된 구문을 자주 볼 수 있다. 이 경우 문장 유형이 3인칭 단수 중성형에 의한 무인칭문인지 3인칭 복수형의 불특정 인칭문인가에 따라 의미가 달라진다.

(9) Его убили // в рукопашном бою. 그는 백병전에서 죽었다.
Его убило // в перестрелке 그는 교전 중에 죽었다.

3인칭 복수형의 불특정인칭문에서는 사건의 **의도성**이 강조된다. 이 사건에서는 '그'를 죽인 사람 중에는 불특정 다수가 존재한다. 반면에 동사 3인칭 단수 중성형에 의한 무인칭문에서는 **우연성**이 강조된다. 이 사건에서는 아무도 '그'를 죽이고자 하는 사람이 없었다. '그'가 죽은 것은 누구를 향한 지 모르는 총탄에 맞은 결과일 뿐이다.

▶ 예 제

1. 다음 텍스트에서 지배 관계 어구가 기능화된 예들을 찾아보고, 해석해 보시오.

1) "Очень богат русский язык ***словами, относящимися к временам года и к природе.*** Возьмём хотя бы раннюю весну. У неё, у этой ещё зябнущей от последних заморозков девочки – весны есть много хороших слов. "

(Фридман: 190)

[참고] Русский язык богат ***словами.***

형용사 단어미형 богат와 ***словами***는 조격 지배 관계이다. 즉, "단어가 풍부하다"라는 의미이다. 위 구문에서는 기능화되어 богат는 화제에 속하고, ***словами***는 정보에 속한다. 본문의 밑줄 친 위 구문은 "러시아어에서 매우 풍부한 것은 계절과 자연에 관한 단어들이다."로 해석되어야 한다.

2) "Вытащила она Василису ***из горницы*** и вытолкала ***за ворота,*** сняла с забора ***один череп с горящими глазами.***"

(сказка <<Василиса Красивая>>)

3) "Пошла Василиса и явилась ***пред очи царские***. Как увидел царь ***Василису Прекрасную,*** так и влюбился в неё ***без памяти.*** – Нет, – говорит он – красавица моя! Не расстанусь я ***с тобою***, ты будешь моей женою."

(сказка <<Василиса Красивая>>)

4) Древние улицы Китай-города известны ещё с XIV века. Мы начнём наше путешествие с *Никольской улицы*(в советское время – ул. 25-го Октября), которая вошла в историю

Москвы как улица русского просвещения. Своё название она получила *по стоявшему здесь Никольскому монастырю*, безжалостно снесённому после революции.

В конце X VII века на Никольской была открыта *Славяно-греко-латинская академия*. Колыбелью первого в России высшего учебного заведения стал *Заиконоспасский монастырь*. Он разделил участь Никольского монастыря в 20-х годах XX века: сохранились лишь принадлежавшие ему торговые помещения (**дома No 9**).

(Лебедева ; Лупенко 1997 : 87)

5) Достоевский был до глубины русский человек и русский писатель. Его нельзя себе представить вне России. По нему можно разгадывать русскую душу. И сам он был загадкой русской природы. Он совмещал в себе всю противоречивость этой природы. По Достоевскому люди Запада узнают Россию. Но Достоевский не только отражал строй русской души и познавал его, он был также сознательным глашатаем русской идеи и русского национального сознания. И в нём отразились все антиномии и все болезни нашего национального самосознания.

(Бердяев 1994 : 104)

2. 다음을 러시아어로 옮기시오.

1) a. 나는 대학 병원 의사한테 치료받았다.
   b. 그 의사는 대학 병원 의사이다.
2) a. 여름에 우리는 모스크바 근교의 다차에서 지냈다.
   b. 당신네 다차는 어디 있습니까?
   우리 다차는 모스크바 근교에 있습니다.
3) a. 책장 위의 책들은 도서관에서 빌린 것들이다.
   b. 책들은 책장에 있다.
4) 학교에 무료교육제가 도입되었다.(бесплатное обучение)
5) 한국에서 초 · 중등교육은 의무적이다.(обязательно)
6) 저녁마다 아버지는 재미있는 이야기를 해주신다.
7) 아버지의 이야기는 재미있었다.
8) 나는 아버지가 보내신 편지를 얼른 눈으로 훑어보았다.(пробежать глазами)
9) 편지는 아버지한테서 온 것이었다.

5.3. 부가 관계 어구의 기능화

다음 텍스트는 투르게네프의 소설 **Первая любовь**의 일부분이다. 텍스트를 번역하면서 어순을 생각해 보시오.

Надо было покориться. *Я заменил сюртучок // курткой, но галстуха// не снял. Княгиня с дочерью явилась за полчаса до обеда; старуха сверх зеленого, уже знакомого мне платья накинула желтую шаль и надела старомодный чепец с лентами огненного цвета. Она тотчас заговорила о своих векселях, вздыхала, жаловалась на свою бедность, “канючила”, но нисколько не чинилась: так же шумно нюхала табак, так же свободно поворачивалась и ерзала на стуле. Ей как будто и в голову не входило, что она княгиня. **Зато Зинаида держала себя// очень строго, почти надменно, настоящей княжной. На лице ее появилась холодная неподвижность и важность - и я не узнавал ее, не узнавал ее взглядов, ее улыбки, хотя и в этом новом виде она мне казалась прекрасной

*나는 프록코트를 잠바로 바꾸어 입었다. 그러나 넥타이는 풀지 않았다.
**그에 반해 지나이다의 자세는 아주 반듯하고 도도해보여 진짜 공작녀다왔다.

명사, 동사, 형용사, 부사에 부가되는 부사, 미정형, 부동사가 의미에 따라 분리되어 주성분과 서로 다른 기능을 갖게 될 수 있다.

(10) a. Отряд геологов *медленно* продвигался на север.
b. Отряд шёл *медленно*.

(11) a. В городе *ежегодно* проводится осенняя ярмарка.
b. Ярмарка проводится *ежегодно*.

(12) a. *Повсеместно* стали возникать вокально-инструментальные ансамбли.
b. Ансамбли стали возникать *повсеместно*.

예문 (a)에서 부사 медленно, ежегодно, повсеместно는 종속성분으로서 주성분인 동사에 부가되어 있다. 그러나 예문 (b)에서는 기능화되어 독립적인 정보의 기능을 수행하고 있다.

(10) a' Отряд геологов // *медленно* продвигался на север.

b' Отряд шёл // *медленно*.

▶ 예 제

1. 다음 텍스트는 부가 관계 어구들이 기능화된 예들을 보여준다. 읽고 해석해 보시오.

1) "Царь на радостях устроил пир на весь мир. После того они жили ***вместе и долго и счастливо***."

(сказка<<Царевна-Лягушка>>)

2) "Имя будущего президента хорошо известно уже сейчас. Вряд ли президентом станет кто-то из нынешних высших правительственных чиновников. Раскрутить к 2000 году новичка тоже не удастся. Так что следующего президента надо искать ***среди активных руководителей субъектов федерации.***"

(Владимир Мисюченко, заместитель руководителя пресс-службы Госдумы, Коммерсантъ, 9. сент. 1997)

3) "Завод тем временем работал. Люди жили ***трудно***. Шла война. Однажды днём скамеечка оказалась пустой. Что-то шевельнулось в душе больного, и он встал и пошёл по улице, еле передвигая ноги, ***вроде бы ничего не видя и не слыша.*** Водители машин бережно объезжали его на переходах."

(Фридман : 148)

2. 다음 문장들의 어순을 비교해 보고, 의미에 맞게 해석해 보시오.

1) a. В этом озере // ловили ведро рыб.

b. Рыб ловили // ведро.

2) a. // Привезли ведро воды.
   b. Дождь льёт // ведром.

3) a. У моего друга // три сестры.
   b. Братьев у моего друга // пять, а сестёр - // три

4) a. // Хочется пить.
   b. Пить // больше не хочется.

3. 다음을 러시아어로 옮기시오.

1) 포도 나무에서 한 광주리의 포도를 땄다.
2) 포도를 한 광주리나 땄다.
3) 내 친구에게는 아이가 넷이다.
4) 그는 애가 넷이나 된다.
5) 먹는 것은 이제 그만!
6) 장이 일주일마다 선다.(ярмарка)

제 6 장
단순 서술문
(просто-повествовательное предложение)

| 핵심 용어 |

한정소 детерминант
상황어 обстоятельство
보어 дополнение
동의동사 глагол-синоним
대행어 анафора

통사적 관점에서 문장 성분은 **주어, 서술어, 보어, 상황어**로 구분된다. 이러한 통사적 성분들이 의미적 기능, 즉 화제에 해당되는가 또는 정보에 해당되는가에 따라 분리 배치될 수 있다. 단순서술문의 경우 이 성분들이 분리되고 결합되는 유형을 8개로 분류할 수 있다.

먼저 이 유형을 크게 나누어 보면 **첫 번째 유형**은 **서술어**가 자동사이거나 타동사이더라도 그 보어가 종속적인 경우이다. **두 번째 유형**은 부사구나 전치사구와 같은 **상황어**가 문맥에서 전제되어 화제의 기능을 갖고, 서술어는 정보의 기능을 갖는 경우이다. **세 번째 유형**은 서술어가 타동사이고, 그 타동사의 지배를 받는 **보어**가 기능화되어 화제가 되는 반면, 서술어는 정보에 해당되는 경우이다.

A. 서술어가 자동사이거나 종속적 보어를 가진 문장 유형

I. 주어 - 서술어(부)

II. 서술어(부) - 주어

B. 한정소(상황어, 보어)가 기능화된 문장 유형

B-1 서술어가 자동사인 문장에서 상황어가 기능화된 경우

III. 상황어- 서술어 + 주어

IV. 상황어+ 주어 - 서술어

V. 주어 + 서술어 - 상황어

B-2 서술어가 타동사인 문장에서 보어가 기능화된 경우

VI. 보어 - 서술어 (+주어)

VII. 보어 + 주어 - 서술어

VIII. 주어 + 서술어 - 보어

6.1. 서술어가 자동사이거나 종속적 보어를 가진 문장 유형

다음 텍스트는 투르게네프의 소설 **Первая любовь**의 일부분이다. 텍스트를 번역하면서 어순을 생각해 보시오.

На ней было легко барежевое платье с бледно-синими разводами; волосы ее падали длинными локанами вдоль щек - на английский манер; *эта причёска шла // к холодному выражению ее лица. Отец мой сидел возле нее во время обеда и со свойственной ему изящной и спокойной вежливостью занимал свою соседку. Он изредка взглядывал на нее - и она изредка на него взглядывала, да так странно, почти враждебно. Разговор у них шел по-французски; меня, помнится, удивила чистота Зинаидина произношения. Княгиня, во время стола, по-прежнему ничем не стеснялась, много ела и хвалила кушанья. **Матушка видимо ею // тяготилась и ***отвечала ей // с каким-то грустным пренебрежением; отец изредка чуть-чуть морщил брови. ****Зинаида // также не понравилась матушке.

*머리 모양이 그녀의 차가운 표정과 어울렸다.

**어머니는 그녀를 거북스러워 하시는게 보였다.

***그녀에게 다소 시무룩히 무시하듯 대답하였다.

****지나이다 또한 어머니 마음에 들지 않았다.

6.1.1. 문형 I : 주어 - 서술어(부)

이 문형에서는 주어가 화제이면 서술어(부)가 정보이다. 따라서 주어에 대해서는 화자와 청자에게 이미 알려져 있으므로, 대화가 그 주어에 대한 행동이나 상태에 관해 새롭게 이야기하고자 하는 것일 때 이용되는 문형이다. 이 때 서술어부의 동사가 타동사이면 보어는 서술어부에 포함된다.

화 제	정 보
행위자	무엇하다
대상	어떠하다

서술어가 자동사인 발화에서는 주어와 서술어가 화제와 정보로 나누어진다.

(1) a. Гости // уже разъезжаются.
 b. Преподаватель // совсем растерялся и замолчал.
 c. Птицы // уже улетели.
 d. Ветер // утих.
 e. Мы // порадовались.
 f. Осень // стояла тёплая и сухая.

주어가 비활동체 명사(неодушевлённое существительное)이거나 비인칭 대명사(неличное местоимение)인 발화에서도 주어는 화제로, 서술어는 정보로 구분된다.:

(2) a. Пасмурное небо // прояснилось.
 b. Экспедиция // не состоялось.
 c. Освоение космического пространства // продолжается.
 d. Такое же // не случилось.
 e. Всё // изменилось.

그러나 서술어가 타동사로서 종속적 보어를 가진 발화에서는 정보가 서술어와 보어로 이루어진다.

주어 – 서술어 + 보어

(3) a. Моя мать // страстно любила книги.
 b. Аспирант // успешно защитил диссертацию.
 c. Почтальон // принёс почту.
 d. Врач // сделал операцию.
 e. Я // хотел написать ему письмо, но забыл // точный адрес.

6.1.2. 문형Ⅱ: 서술어(부) - 주어

이 문형에서는 서술어(부)가 화제이며, 주어가 정보이다. 일어난 사건이나 행위에 대해서는 알고 있지만 그 사건이나 행위의 주체가 누구인지 알려지지 않은 상황에서 이 문형이 이용된다.

화 제	정 보
행위하다	누가
상태이다	무엇이

6.1.2.1. 자동사가 서술어인 발화에서 화제는 서술어가 된다. 반면에 정보는 주어가 된다.

(4) a. Кто уехал? – Уехал // брат.

b. Кто отдыхает? - Отдыхает // отец.

c. Кто поёт по радио? - Поют // школьники.

이 문형은 화제가 생략되는 일상기술문과 구분해야 한다.

(5) a. // Пришло моё время. 나의 시대가 왔다.

b. Моё время // ушло. 나의 시대는 가버렸다.

(5)a에서 동사 Пришло는 의미적으로 과거 시제라는 의미 외에 중요한 내용을 담고 있지않다. 이 문장은 화제가 없는 일상기술문이다. 따라서 어순이 **서술어 + 주어**가 되어야 한다.

그러나 (5)b는 «끝났다»라는 중요한 메시지를 전달한다. 따라서 이 문장은 화제. Моё время와 정보 ушло로 구분된다.

6.1.2.2. 타동사로서 종속적인 보어를 가진 발화에서 화제는 서술어와 보어로 구성된 서술어부가 된다. 이때 화제 내에서 서술어와 보어는 성분의 정보량에 따라 순서가 바뀔 수 있다.

화제 - 서술어부	정보 - 주어
a)서술어 + 보어	주어
b)보어 + 서술어	주어

이 문형에서 보어는 서술어에 대해 종속 관계에 있으므로 서술어 뒤에 와야 한다. 그러나 의미적으로 발화의 중심이 서술어보다 보어에 있게 되면 화제 안에서 보어와 서술어의 위치가 도치된다.

상황1:
- 우리가 말다툼한 걸 누가 선생님께 말씀드렸니?
- 반장!(너희가 다투었다고 반장이 말했어.)

위와 같은 상황에서 발화 의미의 중심은 "누가"와 "고자질 행위"이다. 위 상황문을 노어로 바꾸면 다음과 같다.

(6)
- Кто рассказал учителю о нашей ссоре?
- Староста.
(Рассказал ему о вашей ссоре // **староста.**)

상황 2:
- 이 그림은 누가 그렸니?
- 내 동생!(그건 내 동생이 그렸어.)

위 상황에서는 발화 의미의 중심이 "누가"와 "그림"이다. 그런데 그림은 "그린다"라는 행위가 당연히 전제되어져야 하는 결과물이기 때문에 위 발화에서 행위 자체는 특별히 새로운 정보를 제공해 주지 못한다. 즉, '그리다' 라는 행위는 '그림'이라는 결과물의 종속 개념에 속한다. 따라서 통사적으로는 '그림을 그리다(нарисовать картину)'라는 어구에서 '그림'이 동사 '그리다(нарисовать)'의 피지배어로서 동사 뒤에 위치해야 한다. 하지만, 여기서는 '그림'이라는 결과물이 '그리다' 라는 과정보다 의미적으로 더 상위 개념이므로 화제 내에서도 그 위치가 도치되어 앞에 놓이게 되는 것이다.

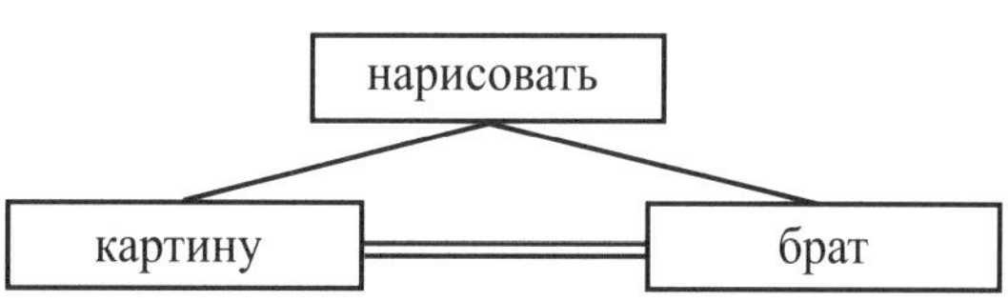

(7) – Кто нарисовал эту картину?

– Мой брат.

(Эту картину нарисовал // **мой брат.**)

이런 맥락에서 러시아어 발화의 특징은 의미 정보가 크거나 새로운 성분일수록 문장의 가장자리에 놓이게 된다는 점에 있다.

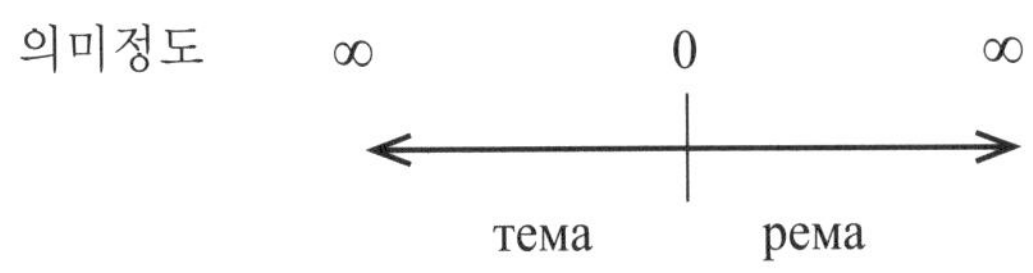

따라서 대명사와 같이 대행어(анафора) 요소들은 강조와 같은 예외적 발화 요인이 없는 한 문장 첫머리나 끝에 올 수 없다.

상황 3:
– 그 어려운 시절 누가 널 도와줬니?
– 친구들이!(그 시절 친구들이 도와줬어.)

(7) – Кто помог **тебе** в это тяжёлое время?

– Друзья.

(Помогли **мне** в это тяжёлое время // **друзья**.)

위 문장에서 мне는 대행어로서 의미 정도가 영(제로)에 가까우므로 동사 помогли 앞에 놓일 수 없다.

6.1.2.3. 어순과 동사의 상

서술어와 보어가 도치되는 경우 서술동사는 대개 **완료상**을 취한다. 그것은 행위가 특정한 대상을 중심으로 **단발적**으로 이루어지기 때문이다.

– Кто написал роман «Война и мир»?

– Роман «Война и мир» написал // Л. Толстой.

위 경우 행위 **написал**은 결과로서 제시된 작품 속에 의미적으로 내포되어 있다. 위 대화의 초점은 "전쟁과 평화"의 작가가 누군인가이다. 행위 **написал**은 아무 비중이 없다.

이런 비중 없는 요소가 문장 첫머리나 끝에 올 수는 없다.

반면에 보어를 종속 성분으로 하는 서술동사가 문장 앞에 놓이는 경우에는 **불완료상 동사**가 쓰인다. 그것은 보편적인 대상에 대해 행위가 **다회적**으로 반복되어 일어나는 것을 의미하기 때문이다.

(9) – Кто **рисует** рисунки в этой газете?
– **Рисует** их // молодой художник.

위 대화는 신문에 반복적으로 게재되는 삽화를 누가 그리고 있는가가 초점이다. 이 경우 "그리는 행위" **Рисует**이 문장 첫머리에 놓여 화제의 중심으로 대화를 이끌어 나가게 된다.

▶ 예 제

1. 다음 문장들을 보기와 같이 문형 I과 문형 II로 구분하고 의미에 맞게 해석해 보시오.

〈보기〉

1) Люди // *уже разъезжаются.*
화제 정보 [문형 I]
사람들은 이미 흩어지고 있다.

2) Побил мировой рекорд по прыжкам в высоту // *спортсмен из Кореи.*
화제 정보 [문형 II]
높이뛰기 세계 기록 갱신자는 한국 선수였다.

3) Проверил работы старший преподаватель кафедры.
4) Улицы потемнели, очистились от снега.
5) Украшали зал к празднику ученики старших классов.
6) Выбирали маршрут, распределяли обязанности, готовили снаряжение все участники похода.
7) Понятие ----- это мысль о существенном признаке предмета.

8) Поставил диагноз участковый врач.
9) Музыку к кинофильму «Александр Невский» написал известный композитор Сергей Прокофьев.
10) Строение русской души и отличается от строения души западного человека.
(Бердяев 1994 : 105)
11) Любовь к русской литературе привили мне мои родители.
12) Город Ярославль основал русский князь Ярослав Мудрый.
13) Россия есть великая равнина с бесконечными далями. (Бердяев 1994 : 105)
14) Воспоминаниями о работе первой арктической экспедиции поделился её начальник.
15) Интерес к науке пробудили в нас занятия в кружке.
16) С докладом о задачах института выступил директор.
17) Чистота любви имеет в виду эротическую сторону жизни. (Ильин 1993 :159)
18) Роль Петра I исполнял выпускник театрального института.
19) Храм возводили в 1555-1561 годах русские зодчие Барма и Постник Яковлев.

2. 다음을 해석해 보시오.

Мы начнём наше путешествие с Лубянской площади, одной из самых знаменитых площадей в Москве. Это древнее название *ещё недавно наводило ужас на миллионы людей*: со словом «Лубянка» в народе *неразрывно связаны представления о НКВД – КГБ, располагавшимся в доме на площади*. В облицованном серым гранитом здании *вершился неправый суд над человеческими судьбами*. Напротив *стоял памятник председателю ВЧК В.Э. Дзержинскому*, именем которого в совесткое время *называлась Лубянская площадь*

Вниз от Лубянской площади *спускается Театральный проезд*. Проезд стал так называться *с 1830 года по Театральной площади, к которой он выходит*.

Главным украшением улицы *бесспорно считается гостиница «Метрополь»*, одно из самых выдающихся в Москве архитектурных творений в стиле модерн.

(Лебедева ; Лупенко 1997 : 109)

* 아래 주어진 문단이 들어갈 적당한 위치를 위 텍스트에서 찾아서 그 다음 문장의 첫 낱말 2개를 쓰시오.

Это название появилось ещё в XV веке, когда здесь поселились выходцы из Новгорода. В помять о своем городе, где была улица Лубяница, они назвали так московское поселение. По другой версии, название произошло от стоявших здесь в древности лубяных построек.

3. 다음을 어순에 유의하여 노어로 옮기시오.

1) 언어 문제에 관한 토론은 현실적이고 시의적절하였다.(своевременный)
2) 새로운 한강대교는 단순하면서도 우아하게 설계되었다.(изящный)
3) 바이칼 호수의 숲들은 아주 아름답다.
4) 누이는 대학을 마쳤다.
5) 우주 개발은 계속되고 있다.(освоение, космическое пространство)
6) - 이 텍스트를 누가 읽을까?
   - 제가 읽겠습니다.
7) 합창공연은 우리 모두를 감동시켰다.(тронуть)
8) 연극은 젊은 감독이 연출하였다.(поставить)
9) 시험은 교수가 직접 치루었다.(принимать)

6.2. 상황어가 기능화된 유형

다음 텍스트는 투르게네프의 소설 **Первая любовь**의 일부분이다. 텍스트를 번역하면서 어순을 생각해 보시오.

*Я, помнится, почувтвовал тогда // нечто подобное тому, что доджен почувствовать человек, поступивший на службу: я уже перестал быть просто молодым мальчиком; я был влюбленный. Я сказал, что с того дня началась моя страсть; я бы мог прибавить, что **и страдания мои началась // с того же самого дня. Я изнывал в отсутствие Зинаиды: ничего мне на ум не шло, все из рук валилось, я по целым дням напряженно думал о ней... Я изнывал... но в ее пристуствии мне не становилось легче. Я ревновал, я сознавал свое ничтожество, я клупо дулся и глупо раболепсвовал - все-таки непредолимая сила влекла меня к ней, и я всякий раз с невольной дрожью счастья переступал порог ее комнаты. Зинаида тотчас же догадалась, что я в нее влюбился, да я и не думал скрываться; она потешалась моей страстью, дурачила, баловала и мучила меня. Сладко быть единственным историчником, самовластной и безответной причиной величайших радостей и глубочайшего горя для другого - а ***я в руках Зинаиды был // как мягкий воск.

*그때 내 느낌은 공직을 맡은 사람이 느끼게 되는 그런 것이었다고 기억된다.
**나의 고통이 시작된 날도 바로 그 날이었다.
***지나이다의 손아귀에서 나는 연약한 밀랍에 불과했다.

III 상황어 — 서술어 + 주어
IV 상황어+ 주어 — 서술어
V 주어 + 서술어 — 상황어

6.2.1. 문형Ⅲ: 상황어- 서술어 + 주어

이 문형은 사건이 일어난 장소나 시간, 그 수단 등에 대해서는 알고 있지만, 그 사건의 행위 주체와 행위에 대해서는 모르고 있는 경우에 그것을 알리고자 할 때 이용된다.

이 문형에서는 비분절문에서처럼 서술어와 주어가 하나의 사건 전체를 구성하기 때문에 어순도 서술어 다음에 주어가 오게 된다.

화 제	정 보
언 제 어디서 어떻게 (상황어)	행위 + 행위자 (서술동사) (주어)

상황:
– 어제 학교에서 무슨 일이 있었니?
– 축제가 열렸어.
(어제 학교에서 축제가 열렸어.)

– Что случилось вчера в школе?
– Состоялся Фестиваль.
(Вчера в школе **состоялся фестиваль.**)

(1) a. В августе 1998 года в Кракове *состоялся V международный конгресс славистов.*
b. Ежегодно в Московском университете *начались гастроли Новосибирского театра оперы и балета.*
c. По субботам в нашем клубе *открылся международный фестиваль художественных фильмов.*
d. Вчера в олимпийском стадионе *проходила дружеская встреча футболистов Кореи и Китая.*
e. Неделю назад в торжественной обстановке *прошла встреча выпускников факультета.*
f. В декабре 1998 года в Банкоге *проходили Азиатские игры.*
g. В 1836 году в Москву *приехал французский архитектор Монферран.*

이 문형의 정보에서 의미의 중심은 서술동사보다 주어에 있다. 그런데 러시아어에는 정보 기능에서 어휘적으로 항상 주어 앞에 위치되어야 하는 동사들이 있다.

(2) a. В коридоре **звенит** звонок.
b. В комнате **стоит** стол.
c. В стене **висит** зеркало.

d. За холмами **прогремел** гром.

위 예문에서 звенит, стоит, висит는 독립적인 의미를 가지고 있지 못한다. 이것은 통사적으로만 서술어의 기능을 할 뿐이지 의미적으로는 주어에 포함되어 있다. 특히 звенит звонок이나 прогремел гром 같은 어구에서 동사의 행위 내용은 이미 뒤의 명사에 종속되어 있다. 이 동사들의 정보 가치는 미미하다. 이런 이유로 이 동사들은 정보에서 주어인 명사 앞에 와야 한다.

따라서 동의동사(глагол-синоним)라 불리는 이런 동사를 포함하는 문장은 항상 제 3문형 "상황어 — 서술어 + 주어"의 어순을 따르게 된다.

(3) Теперь каждый день после школы я прибегал сюда. Ребята менялись, появлялись новички, и только Вадик не пропускал ни одной игры. Она без него и не начиналась. За Вадиком, как тень, *следовал большеголовый, стриженный под машинку, коренастый парень по прозвищу Птаха.*

(В. Распутин 1982: 30-31)

위 텍스트에서 밑줄친 부분은 III문형에 충실한 문장이다. 이 문장은 화제 За Вадиком, как тень와 정보 следовал большеголовый, стриженный под машинку, коренастый парень по прозвищу Птаха.로 구분된다. 이 문장은 다음과 같이 해석된다.

화제: За Вадиком, как тень, 바딕 뒤를 그림자처럼
정보: следовал большеголовый, стриженный под машинку, коренастый парень по прозвищу Птаха. 땅딸막한 아이가 뒤따라다녔다. 별명이 프타하인 그애는 기계로 깍은 머리통이 되게 컸다.

정보 следовал большеголовый, стриженный под машинку, коренастый парень по прозвищу Птаха.를 한 문장으로 해석하면 한국어에서는 아주 어색한 문장이 된다. 이런 경우에는 2개의 문장으로 구분해도 문제는 없다. 중요한 것은 정보의 의미 덩어리를 훼손하지 않고 전달하는 것이다.

6.2.2. 문형Ⅳ: 상황어 + 주어 - 서술어(부)

이 문형은 언제, 어디서, 누가 또는 무엇이 있었는지는 알려져 있으나 무슨 일이 있었

는지를 알리고자 할 때 이용된다.

화 제	정 보
언 제 / 어디서 / 어떻게 (상황어) + 누가 (주어)	행위 상태 (서술어)

(4)

a. Вчера мы *ссорились*.

b. Вчера симпозиум *не состоялся*.

c. После работы отец *отдыхает*.

d. Перед опытом лаборант *тщательно проверил все приборы*.

e. Накануне отъезда мы *созвонимся и обязательно встретимся*.

f. При точных подсчётах сумма *оказалась иной*.

g. Из-за синеватого абажура её лицо *казалось бледным*.

h. За несколько месяцев до своей трагической гибели Лермонтов *написал стихотворение «Родина»*.

i. В тёмную холодную осеннюю ночь 28 октября 1910 года Толстой *навсегда покинул Ясную Поляну*.

j. В гимназии Гоголь *увлекался театром и живописью*.

6.2.3. 문형Ⅴ: 주어 + 서술어 - 상황어

이 문형은 사건의 행위자와 그의 행위 내용이 알려져 있지만 장소나 시간, 방법 등이 알려져 있지 않은 경우에 이용된다.

화 제	정 보
행위자 + 행위 (주어) (서술어)	언제 어디서 어떻게 (상황어)

(5)

a. Моя статья напечатана *в журнале «Русская лингвистика».*

b. Международный конгресс славистов проходил *в городе Кракове.*

c. Большая часть картин Левитана хранится *в Москве, в Третьяковской галерее.*

d. Снежный барс обитает *в горах, на высоте 3-5 тысяч метров.*

e. Зима в Подмосковье длится *около четырёх месяцев.*

f. Москва была основана *в 1147 году.*

g. Книгопечатание стало распространяться *на Руси в XVI веке.*

h. Троицкая башня была построена *в 1495 году.*

i. Арсенал был основан Петром I *в 1701 году для хранения военного оружия и снаряжения.*

j. Москвичи стали узнавать точное время *ещё в 1404 году.*

이 문형에서도 2개의 주요 성분을 포함하는 복합 화제에서 의미의 중요도에 따라 그 순서가 바뀔 수 있다. 즉, 서술어가 주어보다 먼저 언급될 수 있다.

서술어 + 주어 – 상황어

(6)

a. *Тогда я работал* на заводе.

b. *Я работал тогда* на заводе.

c. ***Работал** я тогда* на заводе.

위 예문과 같이 제 V문형의 화제에서 주어가 대명사이거나 잘 알려진 것인 경우 서술어와 위치가 바뀔 수 있다. 이것은 발화 의미에는 아무런 영향을 주지 않는다. 다만 문체적으로 그 뉘앙스가 달라질 수 있다. 또한 발화의 리듬상의 이유로도 서술어와 주어가 도치된 어순을 갖게 될 수 있다.

(7)

В некотором царстве // жил-был купец.

Двенадцать лет жил он // в супружестве.

(Иван Я. Билибин. <<Василиса Прекрасная>>)

위 텍스트에서 첫 문장은 도입부로서 **"상황어 – 서술동사 + 주어"**의 전형적 순서로 이루어져 있다. 이 경우 상황어는 화제로, 서술동사와 주어는 정보로 구분된다. 그에 이어지는 문장에서는 앞에서 "서술어 + 주어"의 정보가 화제로 옮겨지면서 새로운 정보 в супружестве를 유도한다. 대명사 – 주어 он은 의미적 가치가 없기 때문에 문장 한가운데에 숨겨지거나 생략될 수도 있다.

▶ 예 제

1. 아래 문장들은 문형III (상황어 – 서술어 + 주어) 또는 문형IV (상황어 + 주어 – 서술어)로 이루어져 있다. 보기와 같이 III 또는 IV로 구분하고 주어진 문장을 대답으로 하는 의문문을 만들어 보시오.

화제 정보

보기 1. – В магазине // потерялся мальчик.(III)
– В магазине мальчик // потерялся.(IV)

보기 2. – В первой комнате // занимаются студенты.(III)
– В первой комнате студенты // занимаются.(IV)

1) В горах // заночевал отряд туристов.
2) В горах отряд туристов // заночевал.
3) От неверного режима работы // взрывалась бомба.
4) От неверного режима работы бомба // взрывалась.
5) В 1853 году на сцене малого театра // была поставлена пьеса А.Н.Островского «Не в свои сани не садись».
6) В XIX веке в Китай-городе // выросли здания магазинов и банков.
7) По решению московского правительства Казанский собор на Красной площади // был восстановлен.
8) Перед зданием Исторического музея // находится памятник маршалу Г.К.Жукову.
9) В конце XVII века на Никольской улице // была открыта Славяно-греко-латинская академия.
10) После революции ресторан «Славянский базар» // долгое время не работал.
11) После революции время предприимчивых московских купцов // безвратно ушло.

12) В пожаре Москвы 1812 года здание университета // сгорело.
13) На месте факультета журналистики в XVI веке // стоял Опричный двор Ивана Грозного.
14) В 1836 году для Татьянской церкви // был перестроен пашковский флигель.

2. 다음 예문들은 문형 IV(주어 + 서술어 – 상황어)의 구성을 가진 문장들이다. 화제와 정보로 구분하고 해석해 보시오.

1) Богославянский монастырь был основан *в 1296 году московским князем Данилом Александровичем, сыном Александра Невского.*
2) Мы начнём наше путешествие *с Лубянской площади.*
3) Название «Лубянка» появилось *ещё в XV веке.*
4) Савва Мамонтов заказал Врубелю картину на сюжет «Принцесса Грёза» *ещё для Нижегородской выставки 1896 года.*
5) Михаил Семёнович Щепкин выступил *против сложившейся традиции искусственной театральной игры.*
6) Здание Манежа построено в *1817 году по проекту инженера А.А.Бетанкура.*
7) Московский университет открылся *26 апреля 1755 года на Красной площади в перестроенном здании Аптекарского приказа.*

3. 다음 텍스트들을 읽고 의미에 맞게 해석해 보시오.

1) Вместе с первыми проталинками появляются грачи. Проталинок ещё мало, и грачи ищут еду всюду, где видна земля. Под Москвой грачи появляются в середине марта. Через неделю после них прилетают жаворонки, затем – скворцы. В солнечные дни жаворонки летят с песней. Через несколько дней после жаворонков и скворцов прилетают зяблики…

   Деревья ещё словно спят : по-зимнему голы их ветви, не набухли почки. Только верба выглядит по-иному : покрылась белыми барашками. Но вот просыпаются деревья : клён, берёза, липа. У них начинается весеннее движение сока. Ранней весной по берегам рек желтеет мать-и-мачеха. Зацвела ольха. На опушках леса цветёт орешник. Через 15-20 дней зацветают ивы, осины и тополя.

Трава быстро растёт, и в ней издали видны розовые пятна. Это цветёт медуница. В лесу весной цветут фиалки, ландыши.

С каждым днём прибавляется цветущих растений, каждый день появляются новые и новые птицы. Начинают зеленеть берёзы,. И в эти дни в лесу раздаётся первое кукование кукушки. А теперь ждите и первой песни соловья…

Всё больше зеленеют деревья. И вот уже зацветает черёмуха. Это примета, что зелёная весна кончилась ; наступает третий, последний период весны – предлетье.

(Фридман : 190-191)

3) Социологи выяснили, что на работе каждый из нас входит в небольшую группу, состоящую обычно из четырёх-пяти (не больше восьми) человек.

Эту группу связывают общие профессиональные и неслужебные интересы, совпадение точек зрения по большинству обсуждаемых вопросов, взаимное уважение, взаимная поддержка.

В каждой такой группе имеется свой общепризнанный лидер – человек, пользующийся общим уважением. Здесь ценятся прежде всего деловые качества: трудолюбие, работоспособность, умение быстро разобраться в обстановке и прийти к верному решению. Особо ценятся моральные качества: отзывчивость, способность прийти на помощь более слабому и неопытному, способность охотно делиться идеями.

(Валерий Алексеев 1983 ; 70)

4. 다음 문장을 러시아어로 옮기시오.

1) 매년 봄 페테르부르그에서는 “백야” 예술 축제가 열린다.(проводиться)
2) 매달 우리 학교에서는 러시아 문학 세미나가 열린다.(проходить)
3) 많은 경우 진단을 정확히 하기 위해 렌트겐 기구가 이용된다.(использоваться)
4) a. 제1호실에서는 대학생들이 공부하고 있다.
   b. 대학생들은 제1호실에서 공부하고 있다.
5) a. 8월에는 학생들이 돌아왔다.
   b. 학생들은 8월에 돌아왔다.
6) a. 추위와 먹이 부족으로 많은 새들이 죽었다.(погибнуть, бескормица)
   b. 많은 새들은 추위와 먹이 부족으로 죽었다.
7) 저녁 무렵 날씨가 나빠졌다.(испортиться)

8) 끊임없이 내리는 비로 강이 범람하였다.(разлиться)
9) a. 21세기 사람들의 삶 속에서는 과학이 더욱 중요한 자리를 차지할 것이다.
   b. 21세기에 과학은 사람들의 삶 속에서 더욱 중요한 자리를 차지할 것이다.
10) a. 기차가 떠나기 전에 열차 안으로 안경을 끼고 키가 큰 사람이 들어왔다.(в очках)
    b. 기차가 떠나기 전에 안경을 끼고 키가 큰 사람이 열차 안으로 들어왔다.
11) 우리 교수님은 강의가 끝날 때 모든 질문에 답을 주신다.
12) 방학이 금새 지나갔다.(пролететь)
13) 아이는 시끄러운 소리에 잠이 깨었다.(проснуться)
14) 수학여행은 악천후로 인해 가지 못했다.(не состояться)
15) 조약은 5년 전에 비준되었다.(подписать)

6.3. 보어가 기능화된 유형

다음 텍스트는 투르게네프의 소설 **Первая любовь**의 일부분이다. 텍스트를 번역하면서 어순을 생각해 보시오.

*Настоящие мои терзания начались // с того мгновения. Я ломал себе голову, раздумывал, передумывал - и неотступно, хотя по мере возможности скрытно, наблюдал за Зинаидой. В ней произошла перемена - это было очевидно. Она уходила гулять одна и гуляла долго. Иногда она гостям не показывалась; по целым часам сидела у себя в комнате. **Прежде этого за ней // не водилось. Я вдруг сделался - или мне показалось, что я сделался, - чрезвычайно проницателен. «Не он ли? или уж не он ли?» - спрашивал я самого себя, тревожно перебегая мыслью от одного ее поклонника к другому. Граф Малевский (хотя я и стыдился за Зинаиду в этом сознаться) втайне казался мне опаснее других.

Моя наблюдательность не видала дальше своего носа, и моя скрытность, вероятно, никого не обманула; по крайней мере, доктор Лушин скоро меня раскусил. Впрочем, и он изменился в последнее время; он похудел, смеялся так же часто, но как-то глуше, злее и ***короче - невольная, нервическая раздражительность сменила в нем // прежнюю лёгкую иронию и напущенный цинизм.

*나의 진짜 고민은 그때부터 시작되었다. / 나의 진짜 고민이 시작된 건 그때부터였다.
**그전에는 그녀에게 그런 일이 없었다.
***간단히 말하면, 자기 뜻과 달리 터져 나오는 신경질적인 초초함이 예전의 가벼운 풍자와 냉소적인 자세를 대신하였다.

VI 보어 - 서술어 (+ 주어)
VII 보어 + 주어 - 서술어
VIII 주어 + 서술어 - 보어

보어(дополнение)는 러시아어 문법에만 있는 특수한 개념이다. 이것은 영어 문법의 보어(complement) , 목적어(object), 의미상 주어의 개념을 포괄한다. 따라서 보어로는 먼저 행위 대상이 되는 **직접 목적어**를 들 수 있다.

(1) Я читал ***книгу.***

이와 함께 행위의 수혜자로서 **간접 목적어**도 보어 중 하나이다.

(2) Я подарил ***отцу*** галстук.

보어적 기능에 해당하는 성분들도 이 유형에 포함된다.

(3)

a. Я велел ему ***прийти скоро***. 미정형 «곧 오라고»
b. Отец сделал сына ***врачом***. 조격 «의사로»
c. Я желал её ***счастливой***. 조격 «행복하기를»
d. Он повернулся домой ***пьяным***. 조격 «취해서»
e. Он занимается ***русским языком***. 조격 «노어를»

보어는 피지배 성분으로서 지배어의 의미를 구체화시키는 부속확장소의 기능을 한다. 따라서 보어는 항상 지배어의 일부로서 화제이든 정보이든 동일한 기능을 수행한다. 그러나 이 보어는 발화 의미가 바뀌는 경우 지배어와 기능을 달리할 수 있다. 이런 경우 보어의 위치에 따라 문형이 달라지게 된다. 이와 같이 보어가 기능화되어 의미적으로 지배어로부터 독립하게 되어 문형이 달라지는 경우를 살펴 보자.

6.3.1. 문형Ⅵ: 보어 - 서술어 (+주어)

행위의 대상에 대해서는 화자와 청자가 서로 알고 있지만 그 대상에 대해 일어난 행위 자체에 대해서는 알려지지 않은 사실을 말하고자 할 때 이 문형이 이용된다. 이 때 행위 주체는 일반적으로 잘 알려져 있는 경우가 많아 보통 생략된다. 이런 경우 문장은 **불특정 인칭문(неопределённо-личное предложение)**이 될 수 있다.

화 제	정 보
무엇을 (보어)	행위(+행위자) 서술어(+주어)

(4)

a. Новый номер этого журнала *уже издали*.
b. Школу *уже готовят к учебному году*.

c. Намеченный проект образовательной реформы *ещё не выполнили.*

d. Городу Москве *уже исполнилось 850 лет.*

e. [Почему не занимаешься?] экзамен *уже сдал.*

f. [Выставка молодого художника имело большой успех.]
Одну из его картин *приобрёл государственный центральный музей.*

g. [Известная актриса пошла в универмаг.]
Её *скоро узнавали*, у неё *спрашивали подписать.*

위 문장들은 능동문(**предложение действительного залога**)으로 구성되어 있다. 그러나 위와 같은 문형을 한국어로 옮길 때에는 수동문(**предложение страдательного залога**)으로 만드는 것이 자연스럽다. 이때 보어는 목적어가 아니라 주어로 바뀌어야 한다.

이 문형을 다음과 같이 "보어 + 서술어 – 주어"의 구조를 갖는 제Ⅱ문형과 혼동해서는 안 된다. 이 문형에서 보어와 서술어는 서술어부로서 둘다 화제의 기능을 수행한다.

(5) II문형 (서술어부[보어 + 서술어] – 주어)

a. Эту книгу подарил мне *автор, начинающий писатель.*

b. Всех удивляла *его способность работать в любой обстановке.*

c. Известность Тургеневу принесли *«Записки охотника».*

d. Учителей радовала *работоспособность мальчика.*

6.3.2. 문형Ⅶ: 보어 + 주어 – 서술어

이 문형은 행위대상과 주체는 알고 있지만 그 대상과 주체의 관계가 알려지지 않은 경우에 이용된다.

상황 :
어떤 조직에서 옆 사람이 이해관계 없이 상관하고자 하는 것을 피하고자 할 때
"내 일은 내가 할 거야".
"Свою часть работы я // *сделаю.*"

화 제	정 보
무엇을 + 누가 (보어) (주어)	행위하다 (서술어)

이 문형은 행위를 강조할 때 활용된다.

– Где же *ваша машина*? 당신 차은 어디 갔소?

– Машину ***продал***. 차는 팔았소. / 차는 팔렸소.

이 대화에서 "Продал машину"라고 말한다면 의미상 어순이 잘못된 대답이다. Машину가 보어로서 동사 ***продал***의 목적어이지만, 이 대화에서는 기능화되어 화제가 되므로 문장의 첫머리에 놓여야 한다. 반면에 동사 продал은 이 대화에서 알고자 하는 정보이므로 문장 후반부에 오게 된다.

(7)

a. [Где же ваша машина?] Машину ***продал***.

b. [Скажите мне о пожаре, случившимся в центре.]

Об этом событии я ***ничего не слышал***.

c. [Как дела у Ани?] Аню ***приняли в университет***.

d. [Как к вашему заявлению отнёсся декан?]

Заявление декан ***оставил у себя и обещал завтра дать ответ***.

e. [А где ваша собака? Что вы с ней сделали?] Собаку мы отвезли на дачу.

f. [Как обстоят дела с твоей дипломной работой?]

Дипломную работу ***одобрили на кафедре и передали на рецензию официальному оппоненту.***

문형 VI과 문형 VII은 주어의 기능이 서로 다르다는 점에 유의할 필요가 있다.

문형 VI	보어 // 서술어 (+ 주어)
	План *единодушно одобрили*.
	계획은 만장일치로 승인되었다.
문형 VII	보어 + 주어 // 서술어
	План директор *одобрил*.
	계획을 소장이 승인하였다.

(7)

a. i) Каток *давно залили*.

ii) Каток ребята *залили*.

b. i) Ваше письмо *получили.*
ii) Ваше письмо я *получил.*

c. i) Рояль *выкатили на сцену.*
ii) Рояль ребята *выкатили на сцену.*

d. i) Заметку *напечатает.*
ii) Твою заметку машинистка *напечатает.*

e. i) Сеть *вытащили из моря.*
ii) Сеть рыбаки *вытащили.*

6.3.3. 문형Ⅷ: 주어 + 서술어 - 보어

이 문형은 행위자와 행위 내용을 알고 있지만 행위가 이루어진 대상이 알려지지 않은 경우에 이용된다.

화 제	정 보
누가 행위하다 (주어) (서술어)	무엇을 (보어)

상황: "너는 어제 집에서 공부를 했다고 했는데 도대체 무슨 공부를 했니?" 라는 질문에 답할 때
- 어제 노어 공부했어.
- Вчера я занимался ***русским языком.***

따라서 이 문형은 "주어 + 서술어 - 보어"의 유형으로 행위자 뿐만 아니라 행위 자체까지도 화제로서 전제되어져야 한다는 점에서 제1문형 "주어 - 서술어부(서술어 + 보어)"와 구분되어져야 한다.

비교:
문형 I 주어 - 서술어부(서술어 + 보어)
문형 VIII 주어 + 서술어 - 보어

(8)

a. [Что вы составляете?] Я составляю ***корейско-русский словарь.***

b. [Что ты купил для дня рождения матери?] Я купил ***шарф и косметику.***

c. [Что одобрил редактор?] Он одобрил ***мою статью***.

d. [Что отложил оргкомитет?] Оргкомитет отложил ***встречу по шахматам***.

e. [Что ты получил?] Я получил ***первую премию***.

f. В середине XIX века Величественный дворец приобрел ***дворянский пансион***.

g. Архитектор Джакомо Кваренги возвёл ***здание Гостиного двора на Невском проспекте в Петербурге, аналогичное московскому***.

▶ 예 제

1. 다음 텍스트를 읽고 물음에 답하시오.

1) <u>В июне 1881 года здесь *прошли пушкинские торжества*,</u> посвященные открытию памятника поэту на Тверском бульваре. 2) <u>Под рукоплескания восторженной публики на сцену *вышел И. С. Тургенев*,</u> находившийся тогда в зените славы. Он стал читать стихотворение Пушкина «Туча», но *забыв третью строку*, запнулся, беспомощно развёл руками. *Тургенев улыбнулся* и вместе со всем залом хором закончил стихотворение. В конце вечера все участники вышли на сцену, где Тургенев возложил лавровый венок на бюст Пушкина. А. Ф. Писемский незаметно снял венок и сделал вид, будто кладет его на голову самого Тургенева. Весь зал разразился бурей ликования, которую вызвало выступление Ф. М. Достоевского, читавшего потом свою знаменитую «Пушкинскую речь». Огромный зал был переполнен, люди от восторга теряли сознание, кричали, опускались на колени, пытались целовать руки изнемогавшему от волнения Достоевскому. 3) <u>Писателю *поднесли лавровый венок*,</u> который тот ранним утром следующего дня отвез на извозчике на Тверской бульвар и положил к постаменту памятника Пушкину

(Лебедева; Лупеннко 1997: 127)

a. 아래 문장이 들어갈 적당한 위치를 찾아 바로 다음 문장의 첫 단어 2개를 쓰시오.

Из разных концов зала ему стали подсказывать: почти вся собравшаяся публика знала стихи Пушкина наизусть.

b. 밑줄 친 문장 1)과 2)는 "상황어 - 서술어 - 주어", 문장 3)은 "보어 - (주어) - 서술어부"의 순서로 분석할 수 있다. 이 문장들의 기능적 분절을 비교해 보시오.

2. 다음 텍스트를 읽고 물음에 답하시오.

1) Арбат, этот подлинный символ старой Москвы, *недавно отметил свое пятисотлетие.* Название «Арбат» впервые встречается в летописи в 1493 году: тогда весь город охватил *страшный пожар*, начавшийся от свечки в арбатской церкви Николы в Песках.

Так и неизвестно, откуда же произошло название этой знаменитой московской улицы. Возможно, от славянского корня «горбат», что на языке того времени означало неровную местность. А другие версии связывают его с арабским словом «арбад», означающим «пригород», ведь собственно городом в XV веке был только Кремль. 2) Здесь в старину *стояли торговые караваны восточных купцов,* памятью о которых, возможно, и осталось в старомосковском языке название улицы.

(Лебедева; Лупеннко 1997 : 191)

a. 밑줄친 문장 1)과 2)의 기능적 분절을 비교해 보시오.

b. 아래 문장이 들어갈 적당한 위치를 찾아보시오.

Отсюда пошла известная московская поговорка: «От копеечной свечи Москва сгорела».

3. 다음 텍스트를 읽고 물음에 답하시오.

Территория за Москвой-рекой известна с середины XIV века. Тогда она именовалась Заречьем. Отсюда открывался великолепный вид на сверкающий золотом Кремль, но знатные люди не жаловали Заречье: из-за весенних разливов Москвы-реки почва здесь была топкой и заболоченной. Добраться сюда из Кремля *можно было только через переправу.* Вот и селились здесь стрельцов. Когда в конце XVIII века был создан Водоотводной канал, избавивший *Замоскворечье* от ежегодных наводнений, здесь стали строить *особняки московские купцы.* Эта часть города была самой тихой, провинциальной: рано утром ее жители спешили в свои лавки, а вечерами, после дневных хлопот, сидели перед дымящимися самоварами у раскрытых окон. В старину говорили, что жители Замоскворечья уже встают, когда на Арбате и Пречистенке только что ложатся спать, и ложатся спать тогда, как по другую сторону реки начинается вечер. Правда, после пожара 1812 года здесь появились дворянские усадьбы.

(Лебедева ; Лупенко 1997 : 353)

a. 밑줄친 문장의 기능적 분절의 특성을 고려하여 해석해 보시오.

b. 아래 주어진 문장이 들어갈 적당한 위치를 찾아 바로 다음 문장의 첫 단어 2개를 쓰시오.

Они создали свой купеческий городок с особой патриархальной атмосферой, которой дышат камни старого Замоскворечья.

4. 다음을 러시아어로 옮기시오.

1) a. 편집진이 당신의 논문을 승인했습니다.(одобрить)
   b. 당신의 논문은 편집장이 직접 보고 있습니다.(главный редактор)
   c. 당신의 논문은 통과되었습니다.(принять)
   d. 당신의 논문을 편집진이 승인했습니다.
2) a. 하나의 실수가 이 사람의 인생을 바꾸었습니다.
   b. 이사람의 인생은 하나의 실수로 바뀌었습니다.
3) 팀원 모두가 여행 코스를 짜고 해야할 일을 나누고 장비를 준비했습니다. (снаряжение)
4) 전 작업 과정을 주임 선생님이 점검하셨다.(проверить)
5) 이 그림은 전시회 관람객 모두가 마음에 들어했다.

제 7 장
의문문

| 핵심 용어 |

의문대명사 вопросительное местоимение
의문부사 вопросительное наречие
의문소사 вопросительная частица
전제성 данность
비전제성 неданность
분절성 расчленённость
비분절성 нерасчленённость

러시아어에서 의문문은 의문사에 의해 만들어지는 경우와 억양에 의해 만들어지는 경우가 있다. 따라서 의문문의 어순은 의문사가 있는 경우와 억양에 의해 만들어진 의문문으로 구별해서 분석해야 한다.

다음 텍스트는 투르게네프의 소설 **Первая любовь**의 일부분이다. 텍스트를 번역하면서 어순을 생각해 보시오.

*После обеда опять // собрались во флигеле гости - и княжна вышла к ним. **Всё общество было налицо, в полном составе, // как в тот первый, незабвенный для меня вечер: даже Нирмацкий притащился: Майданов пришел в этот раз раньше всех - он принес новые стихи. Начались опять игры в фанты, но уже без прежних странных выходок, без дурачества и шума - цыганский элемент исчез. Зинаида дала новое настроение нашей сходке. Я сидел подле нее по праву пажа. Между прочим, она предложила, чтобы тот, чей фант вынется, рассказывал свой сон; но это не удалось. Сны выходили либо неинтересные (Беловзоров видел во сне, что накормил свою лошадь карасями и что у ней была деревянная голова), либо неестественные, сочинённые. Майданов угостил нас целою повестью: тут были и могильные склепы, и ангелы с лирами, и говорящие цветы, и несущиеся издалека звуки.*** Зинаида не дала ему // докончить.

*점심 후 다시 손님들은 곁채에 모였다.
**그곳에 모였던 사람들은 모두 내가 잊을 수 없었던 첫날 저녁과 같은 멤버들이었다.
***지나이다는 그에게 끝낼 기회를 주지 않았다.

7.1. 의문사가 있는 의문문

의문사에는 의문대명사(вопросительное местоимение), 의문부사(вопросительное наречие), 의문소사(вопросительная частица)가 있다. 의문사에 따라 그 뒤 성분들의 어순이 달라질 수 있다.

7.1.1 의문대명사에 의한 의문문

의문대명사에 의해 만들어지는 의문문에서는 의문사가 주어 역할을 하는가 또는 하지 않는가에 따라 나머지 성분의 어순이 달라진다.

7.1.1.1. 의문 대명사가 주격 형태인 경우

(1)

a. *Кто* исполняет роль Ивана Грозного?
b. *Кто* открыл конференцию?
c. *Что* построено возле Кремля?
d. *Что* организовалось в день Победы?
e. *Какой кружок* поставил пьесу Толстого «Труп»?
f. *Какие вопросы* обсуждались на конференции русистов?
g. *Чьё открытие* было отмечено Нобелевской премией в прошлом году?

위 예문들과 같이 의문대명사가 주격 형태로 시작되는 의문문들은 의문사가 문장 첫 머리에 놓이고, 그 뒤로 서술어와 보어 또는 상황어가 따른다.

의문사 — 서술어 + 보어 / 상황어

이러한 의문문에 대한 대답이 되는 문장은 항상 보어나 상황어로 시작된다. 그 뒤로 서

술어와 주어가 차례로 뒤따른다.

보어 / 상황어 + 서술어 — 주어

(2)

a. Роль Ивана Грозного исполняет *заслуженный артист.*

b. Конференцию открыл *председатель.*

c. Возле Кремля построен *храм Спасителя.*

d. В день Победы организовался *парад.*

e. Пьесу Толстого «Труп»поставил *драматический кружок.*

f. На конференции русистов обсуждались *вопросы о связи между средами и литературой.*

g. В прошлом году Нобелевской премией было отмечено *биологическое открытие по клетке.*

위와 같이 의문문이 의문 대명사의 주격형에 의해 시작될 때 그 대답은 의문문과 대칭되는 어순을 갖는다.

7.1.1.2 의문 대명사가 주격이 아닌 경우:

의문사가 주격이 아닌 경우에는 보통 주어 성분이 제일 뒤에 위치한다.
이 경우는 평서문의 문형 III "상황어 - 서술어 + 주어" 또는 문형 VI "보어 - 서술어 + 주어"의 유형과 같은 이유로 서술어와 주어의 어순이 결정된다.

의문사 - 서술어 + 주어

(3)

a. *Что* представляет собой последовательный перевод?

b. *Что* выгодно покупать в России?

c. *Чем* запомнился тебе этот вечер?

d. *О чём* рассказал старший преподаватель вчера?

e. *С кем* встретился ваш отец вчера?

f. *Кем* работает ваш сын в лаборатории?

g. *Кому* был освящен Успенский собор в 1479 году?

h. *Чем* является клетка?

i. *Из чего* состоят животные и растительные организмы?

j. *Какие функции* выполняет Центральный банк России?

그러나 주어 성분이 **대명사**인 경우에는 그 주어가 서술어보다 앞에 놓인다. 그것은 정보량의 관점에서 대명사의 순위가 하위이기 때문이다.

의문사 — 대명사/주어 + 서술어

(4)

a. Чем *ты* занимался вчера?

b. Кого *ты* видели вчера в театре?

c. Кем *ты* хочешь стать в будущее?

위 질문 (3)에 대한 대답에서는 예문 (5)에서와 같이 의문사에 해당하는 어휘가 바로 **정보**가 되므로 상황어나 보어로서 문장 제일 뒤에 놓인다.

질문:

의문사 — 서술어 + 주어

대답:

화 제	정 보
주어 + 서술어	상황어/보어

(5)

a. Последовательный перевод представляет собой *устный перевод с одного языка на другой после его прослушивания.*

b. В России выгодно покупать *сталь, нефть, алмаз, алюминий и другие естественные ресурсы.*

c. Этот вечер запомнился мне *незабываемой фантазией.*

d. Старый боцман рассказал мне *о случившемся в Тихом океане.*

e. Вчера мой отец встретился *с моим учителем.*

f. В лаборатории мой сын работает *лаборантом.*

g. В 1479 году Успенский собор был освящен *митрополитом Геронтием.*

h. Клетка является *элементарной единицей живого организма.*

i. Животные и растительные организмы состоят *из огромного количества клеток.*

j. Центральный банк России регулирует *денежное обращение в стране*, проводит *единую кредитную политику в России.*

(6)

a. При каком условии **скорость** есть величина постоянная?

– Скорость есть величина постоянная *при равномерном движении.*

b. На какие сроки **банк** может предоставить кредит?

– Банк может предоставить *краткосрочный кредит и долгосрочный кредит.*

위 예문 (6)에서는 의문문에서 주어 скорость, банк가 문장 제일 뒤에 놓이지 않았다. 이것은 서술어가 단순히 동사 하나로 이루어진 것이 아니라 여러 어휘로 구성된 서술부이기 때문에 허용되는 변이문이라고 할 수 있다.

7.1.2. 의문부사에 의한 의문문

где, когда, как, куда, откуда, почему, зачем, сколько와 같은 의문 부사들로 시작되는 의문문들에서는 주격이 아닌 의문 대명사에 의한 의문문에서처럼 서술어가 의문부사와 주어 사이에 놓인다. 그러나 주어가 대명사이거나 잘 알려진 고유명사 같은 경우에는 서술어보다 앞에 놓인다.

7.1.2.1 주어가 보통 명사인 경우

질문: | 의문부사 — 서술어 + 주어 |

대답:

화 제	정 보
주어 + 서술어	상황어

(7)

a. Где были ваши родители летом?

– Летом мои родители были ***на даче***.

b. О чём сказал учитель утром?

– Утром учитель сказал ***об экзамене***.

c. Почему построил дом ваш отец там?

– Там мой отец построил дом ***для семьи***.

d. Куда может поместить деньги бизнесмен?

– Бизнесмен может поместить деньги ***в банк***.

e. Когда появился компьютер пятого поколения?

– Компьютер пятого поколения появился ***в 1999 году***.

f. Чем питаются растения?

– Растения питаются ***углекислым газом***.

g. Куда идёт этот метро?

– Это метро идёт ***в центр***.

이와 같이 주어가 보통명사인 경우에는 의문문과 그에 대한 대답에서 주어와 서술어의 위치가 서로 반대가 된다. 그러나 예문 (8)에서와 같이 서술어부가 다소 길 때에는 위와 같은 대칭된 어순이 지켜지지 않을 수 있다.

(8)

a. Сколько времени **исследователь** работал над Интернетом?

– Исследователь работал над Интернетом *уже три часа*.

b. Почему **учитель** не приехал?

– Учитель не приехал *из-за болезни в ноге*.

7.1.2.2 주어가 대명사이거나 고유명사인 경우

질문:

의문부사 — 주어(대명사, 고유명사) + 서술어

대답:

화 제	정 보
주어(대명사, 고유명사) + 서술어	상황어

(9)

a. Почему **Пётр** I основал здание Арсенала в 1701 году?

– В 1701 году Пётр I основал здание Арсенала *для хранения военного оружия и снаряжения*.

b. Когда **Успенский собор** был возвращен Православной Церкви?

– Успенский собор был возвращен Православной Церкви *в 1990 году*.

c. Куда **он** выходит?

– Он выходит *на мост, перекинутый через канал*.

d. Откуда **вы** узнали об измене курса?

– Я узнал об измене курса *из газеты*.

e. Как долго **Виктор** был в Петербурге?

– Виктор был в Петербурге *десять дней.*

f. Сколько денег **у вас** осталось?

– У меня осталось *пять рублей.*

g. Почему **ему** пришлось оставить страну?

– Ему пришлось оставить *из-за идеологии.*

대명사나 고유명사처럼 **이미 알려진 주어**는 새로운 정보의 의미가 없으므로 의문문에서 서술어보다 앞에 놓인다.

7.1.2.3 행위자와 행위의 관계

(10)

a. Как кончился дождь?

b. Как дети спорят?

의문문에서 행위자와 행위를 분리시킬 수 없는(нерасчленённое) 상황을 나타내기 위해서는 사건과 관련된 모든 요소를 하나(одно целое)로서 제시해야 한다. 이런 경우는 행위자와 행위의 결합성(сплочённость)을 높이기 위해 행위자를 가리키는 주어가 행위 내용을 나타내는 서술어보다 뒤에 놓인다. 바로 예문 (10a)가 이에 해당된다.

반면에 행위자가 이미 주어지거나(данное) 또는 알려진(известное) 상황에서는 비록 행위자와 행위가 똑같이 화제(тема)에 속한다 하더라도 의미 정도가 동일할 수 없다. 이런 상황을 나타내는 발화에서는 **행위 – 서술어**를 **행위자 – 주어**보다 뒤에 배치함으로써 서술어의 의미 정도를 차별적으로 강조하게 된다. 예문 (10b)가 이에 해당된다.

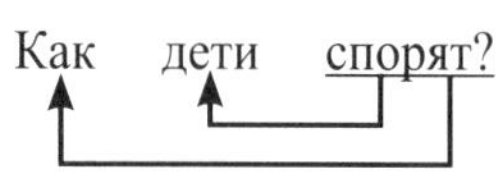

위 발화는 다음과 같은 상황 조건에서 자연스럽게 구사될 수 있다.

상황 1

Когда я лёг спать, шёл дождь.

Казалось, дождь шёл всю ночь.

Но рано утром, когда я встал из постели, пояснилось небо.
Я спросил, << **Как *кончился дождь*?**>>

상황 2
В зале есть толпа народа. Внезапно слышался большой шум. Я увидел, что мальчик и девочка спорили.
Я спросил у другого, <<**Как *дети спорят*?**>>

상황 1에서는 ***кончился дождь***가 “서술어 + 주어”의 순서로 구성되어 있다. 반면에 상황 2에서는 ***дети спорят***이 “주어 + 서술어”의 순서로 구성되어 있다. 상황 1에서 비가 오는 자연적 상황은 전제된 것이 아니다. 이것은 2장에서 설명한 것과 같이 일상기술문이다. 그러나 상황 2는 사건이 아이들 중심으로 일어났다는 것이 이미 전제되어 있다. 그리고 아이들은 싸울 때도 있고 웃고 지낼 때도 있다. “아이들”이라는 정보는 이미 전제된 것이지만 “말다툼”이라는 행위는 특수한 경우의 것이다. 즉, ***спорят***는 ***дети***보다 정보성이 강하고 크다. 그러므로 이 두 어휘의 순서는 ***дети спорят***가 되어야 한다.

대화에서 중요한 것은 말하고자 하는 화제가 이미 주어진 것인가 아니면 처음 나오는 것인가이다. 이에 따라 행위를 가리키는 서술어와 행위자를 나타내는 주어의 결합 순서가 달라져야 한다.

전제성 (данность)	⟷	비전제성 (неданность)
분절성 (расчленённость)	⟷	비분절성 (нерасчленённость)
주어 + 서술어	⟷	서술어 + 주어

인터뷰나 대화 등에서 사전에 전제된 상황이 없이 발화를 시작할 때에는 “비전제성”과 “비분절성”의 원칙이 적용되어 다음과 같은 어순의 문장들이 만들어진다.

(11)

a. Вы знаете, когда *родился Михаил Юрьевич Лермонтов*?

b. Скажите, пожалуйста, как *попал на Кавказ М. Ю. Лермонтов*?

c. Как *относился к Пушкину Лермонтов*?

그러나 예를 들어 레르몬토프에 관한 문학 강연회에서 발표자가 청중에게 작가에 대해 질문한다면 다음과 같은 발화가 주어질 것이다.

(12)

a. Вы знаете, когда *М. Ю. Лермонтов родился*?

b. Кто знает, в каком году *Лермонтов писал роман «Герой нашего времени»*?

c. Сейчас я скажу вам, как *Лермонтов попал на Кавказ*.

위 (12)에서는 작가 *Лермонтов*가 이미 전제되어 있다.

7.1.3. 의문소사가 있는 의문문

7.1.3.1. 의문소사 ли

의문소사 ли를 이용하여 의문문을 만들 수 있다. 이 경우 어순은 질문의 대상이 되는 어휘가 정보로서 문장 첫머리에 놓이게 된다. ли는 이 어휘 뒤에 따라온다. 그리고 ли 뒤에 놓이는 어휘들은 화제가 된다.

(13)

a. *Придёт* ли отец к обеду?

b. *Сделает* ли отец к обеду?

c. *По силам* ли этой бригаде такая нагрузка?

d. *Можно* ли будет поставить этот опыт в нашей лаборатории?

e. *Сознательно* ли он нарушил своё обещание?

f. *Всегда* ли действует закон всемирного тяготения?

g. *Все* ли атмосферные явления влияют на организм человека?

의문소사 ли 뒤에 놓이는 어휘들은 주어가 대명사가 아니면 평서문과 대칭적으로 배치된다.

(14)

a. 평서문: Книга напечатана срочно.
   의문문: ***Срочно ли*** напечатана книга?

b. 평서문: Они сдали экзамены успешно.

의문문: ***Успешно ли*** они сдали экзамены?

의문의 대상이 되는 정보가 연계사를 가진 복합적인 구성을 가질 때에는 ли가 그 사이에 놓인다.

(15)

a. Новое здание было построено.

b. ***Было ли построено*** новое здание?

7.1.3.2. 의문소사 разве와 неужели

разве와 неужели는 문장 전체를 수식해 주며, 보통 문장 첫머리에 놓인다. 이 소사들은 의문의 의미 외에 의심, 불신, 놀라움의 감정적인 뉘앙스도 내포한다.

(16)

a. ***Разве*** он не защитил себя?

b. ***Неужели*** она не сделала домашнее задание?

이 소사들은 문장 중간에 놓이는 경우도 있다.

(17)

Твоя сестра ***разве*** не понимает?

의문소사 ли와 разве의 통사적 차이는 다음과 같은 예를 비교해 보면 잘 알 수 있다.

(18)

a. *Срочно* **ли** окончил опыт лаборант?

b. **Разве** *лаборант окончил опыт*?

7.2 의문사가 없는 의문문

러시아어에서는 의문문이 어휘 구성이나 어순에서 평서문과 동일할 수 있다. 이런 경우 의문문과 평서문은 억양에 의해 구별된다. 러시아어 발화에서 억양구조(интонационная конструкция ; ИК)는 보통 7개로 구분된다.

7가지 억양의 구조

Тины ИК	Соотношение предцентровой-центра-постцентровой частей			
ИК-1	Здесь.	Здесь остановка.	Это пятый автобус.	Вот университет.
ИК-2	Кто?	Кто там стоит?	Кто там стоит?	Нто там стоит?
ИК-3	Здесь?	Здесь остановка?	Это пятый автобус?	Она поёт?
ИК-4	Ваш?	Ваш билет?	А пятый автобус?	А университет?
ИК-5	——	Кан она танцует!	Замечательный голос!	настоящая весна!
ИК-6	Сок!	сок вкусный!	какой сок вкусный!	Какой вкусный сок!
ИК-7	Да!	Грубый ты!	Когда это будет?	Хорошо!

(Е. А. Брызгунова, 1978, Звуки и интонация русской речи, 120-121, 강덕수 1996, 73-74에서 재인용)

이 억양구조 중 의문문에서는 보통 ИК-2, ИК-3, ИК-4가 활용된다.

의문문에서 억양구조는 정보에 해당되는 어휘의 강세 음절 위에서 변화를 보인다. 이때 음조(тон)가 완곡하게 또는 가파르게 변화되어 의문의 감정이 표출된다.

(19)

a. Он хорошо знает порядок слов?

b. Сегодня погода будет хорошая?

c. Вы понимается ситуацию?

음조가 변화되는 어휘가 바로 억양구조의 중심이 된다. 그 위치에 따라 의문의 내용이 달라지게 된다. 그리고 그 대답도 달라진다.

(20)

a. Вы были в Москве?

– Да, я.

b. Вы были в Москве?

– Да, был.

c. Вы были в Москве?

– Да, в Москве.

ИК-2, 3, 4가 모두 의문을 나타내는 억양구조로 이용되지만, 그 뉘앙스에 약간의 차이가 있다. ИК-2는 보통 단정적인 뉘앙스를 나타내는 데 반해, ИК-3는 더 정중하다.

ИК-4는 구어체의 발화에서 어휘들이 생략된 불완전 의문문에서 주로 이용된다.

(21)

a. Это моя сумка?

– Да, твоя.

– А твоя?

b. Вы не пьёте водку?

– А вы?

c. Вот ваш паспорт!

– А билет?

▶ 예 제

1. 아래에 주어진 두 질문의 차이를 설명해 보시오.

1) Отчего *закричала девочка*?

2) Отчего девочка *закричала*?

2. 다음 문장들이 대답이 되는 질문을 만들어 보시오.

1) Матч выиграли корейские футболисты.

2) В состав воды входят кислород и водород.

3) Он учится в Московском университете.

4) Мы ссорились из-за пустяков.

5) Они разошлись поздно вечером.

6) Я звонил на вокзал.

7) Документ о создании новой школы подписал министр образования.

3. 다음 문장에서 밑줄 친 부분이 강조되는 질문을 소사 ли를 이용하여 만들어 보시오.

1) Операция прошла удачно.

2) Отец придёт к обеду.

3) Он нарушил своё обещание сознательно.

4) Она сможет помочь нам.

5) Такая нагрузка этой бригаде по силам.

6) Он живёт в Москве давно.

7) Студенты занимаются много.

4. 다음 텍스트에서 밑줄친 부분을 기능적으로 구분하고 해석해 보시오..

Московский университет

Напротив Манежа стоит самый знаменитый дом на Моховой – здание Московского университета, который вот уже два с лишним века удерживает славу самого лучшего учебного заведения России и одного из лучших в мире.

1) Инициатором создания русского университета был *Михаил Василевич Ломоносов*. 2) 12(25) января 1755 года в день памяти святой мученицы Татианы и именин своей матери *граф И. И. Шувалов подал императрице Елизавете Петровне прошение об основании Московского университета.* В тот же день указ был подписан государыней. Так родился знаменитый праздник московского студенчества – Татьянин день, а 3) святая Татиана стала считаться *покровительницей Московского университета.*

Именно в Москве, играющей исключительную роль в истории русского государства, появился первый русский университет. Москва всегда была душой России, теперь ей предстояло ее мыслью.

4) Московский университет открылся *26 апреля 1755 года на Красной площади в перестроенном здании Аптекарского приказа (стоял на месте Исторического музея)*. Тогда были открыты только три факультета: философский, юридический и медицинский. 5) На кафедрах университета *преподавали лучшие отечественные учёные*, из Европы приглашали иностранных профессоров, которые считали это за большую честь. 6) Студентами *могли стать дети всех сословий, кроме крепостных.* Главным отличием Московского университета от европейских было то, что преподавание здесь велось не на латыни, а на русском языке.

(Лебедева ; Лупенко 1997 : 131-133)

제 8 장
소사(частица)의 위치

| 핵심 용어 |

감탄소사 восклицательные частицы
강조소사 усилительные частицы
제한소사 ограничительные частицы
지시소사 указательные частицы
부정소사 отрицательные частицы

소사는 러시아어 문법에서 독특한 품사 중 하나이다. 이것은 다른 단어나 어구, 문장에 새로운 뉘앙스를 부가해 주는 기능을 한다. 대부분의 소사는 독립적인 고유 의미를 가지지 않는다. 반면에 일부 소사들은 의미가 다양하여 문맥에 따라 발화의 해석을 달라지게 할 수도 있다.

이 소사는 주로 구어체에서 많이 이용되며, 발화에 감정적 색채를 넣어준다. 따라서 이 소사가 억양과 결합되면 발화에 더욱 새로운 의미가 추가된다.

앞 장에서 언급된 의문소사 ли, разве, неужели 외에 감탄소사(восклицательные частицы) что за, как, ну и, 강조소사(усилительные частицы) даже, и, же(ж), ведь, ни, 제한소사(ограничительные частицы) только, лишь, лишь только, 지시소사(указательные частицы) вот, вон, это, 부정소사(отрицательные частицы) не 등이 있다.

이 소사들 가운데에는 형태적으로 다른 품사와 같은 것들도 있다. 예를 들어 소사 а, да, же는 접속사가 되기도 하고, 소사 ещё, только, уже는 부사 기능도 한다. 그리고 소사 то는 대명사 то와 형태가 동일하다.

다음 텍스트는 투르게네프의 소설 **Первая любовь**의 일부분이다. 텍스트를 번역하면서 어순을 생각해 보시오.

Я тотчас узнал его, хотя он весь закутался в темный плащ и шляпу надвинул на лицо. На цыпочках прошел он мимо. Он не заметил меня, хотя меня ничто не скрывало, но я так скорчился и съежился, что, кажется, сравнялся с самою землю.

Ревнивый, готовый на убийство Отелло внезапно превратился в школьника... *Я до того испугался неожиданного появления отца, что даже на первых порах не заметил, откуда он шёл и куда исчез. Я только тогда выпрямился и подумал: «Зачем это отец ходит ночью по саду», -- когда опять все утихло вокруг. **Со страху я *уронил нож в траву*, но даже искать его *не стал*: мне было очень стыдно. Я разом отрезвился. Возвращаясь домой, я, однако, подошел к моей скамеечке под кустом бузины и взглянул на окошко Зинаидиной спальни. Небольшие, немного выгнутые стекла окошка тускло синели при слабом свете, подавшем с ночного неба. Вдруг - цвет их стал изменяться... ***За ними — я это видел, видел *явственно* — осторожно и тихо спускалась беловатая штора, спустилась до оконницы - и так и осталась неподвижной.

*나는 돌연한 아버지의 출현에 너무나 놀라 아버지가 어디서 왔다가 어디로 사라졌는지 처음에는 눈치채지 못했다.
**무서워서 나는 칼을 풀밭에 떨어뜨렸다. 그걸 찾을 생각은 엄두도 나지 않았다.
***창문 너머로 분명히 보였다. 허연 커튼이 조심스레 조용히 내려오고 있었다. 창턱까지 내려 왔다. 그렇게 멈추곤 꼼짝도 하지 않았다.

8.1. 감탄소사(восклицательные частицы)

감탄 소사 что за, как, ну и, ну, да, пусть는 항상 문장 첫머리에 놓인다. 이 중 ну와 같은 소사는 문맥과 억양에 따라 다양한 뉘앙스를 만든다.

(1)

a. **Что за** прелесть!
b. **Да** здравствует мир!
c. **Ну,** поехали!
d. **Пусть** скажет!
e. **Как** весело поёт птица!
f. **Ну**, устал! 아, 참 피곤하다!
g. **Ну, и ну!** 그래, 그래!

8.2. 강조소사(усилительные частицы)

소사 даже와 и는 유사한 의미로서 문장 내에서 관계된 어휘 바로 앞에 놓인다.

же와 ведь는 의미적으로 유사하며 문장 전체를 수식할 수 있다. 이때 ведь는 그 위치가 자유롭지만, же는 문장 첫머리에 올 수 없다. 소사 же가 어느 한 어휘를 가리키는 경우에는 그 어휘 바로 다음에 놓인다.

소사 ни는 부정의 의미를 강조하는 경우 관계 어휘 바로 앞에 놓인다. 그 외 тоже, уже 같은 강조소사도 관계되는 어휘 바로 앞에 놓인다. 소사 ну는 감탄적 의미 외에 강조적 의미로도 쓰인다.

| *Даже* |

(2)

a. **Даже** *я* растерялся. 나조차 당황했다.

b. Я **даже** *растерялся*. 나는 당황하기까지 했다.

c. Человек я прямой, **даже** *грубоватый*, пожалуй.

d. Вы все какие-то лишние, **даже** *здесь*, в вашем доме.

e. Это **даже** *ребёнок* понимает.

| *И* |

(3)

a. Я **и** *стараюсь*! 내가 애를 쓰고는 있어.

b. **И** *я* не знаю. 나도 몰라.

c. Он говорит **и** *по-английски*. 그는 영어도 말할 줄 알아.

d. Не хочет **и** *доброй* ночи желать тебе!

e. Он **и** *её* слушал плохо.

f. Это **и** *ребёнок* понимает.

| *Уже* |

(4)

a. **Уже** *вчера* он был в Москве. 이미 어제 그는 모스크바에 당도했어.

b. Вчера он был **уже** *в Москве*. 어제 그는 벌써 모스크바에 갔어.

c. **Уже** *в XVI веке* печатная книга входила в культурную жизнь москвичей.

d. В начале XX века в Тюмени проживало 42 тысячи человек.

В настоящее время в городе **уже** *350 тысяч* жителей.

| *Тоже* |

(5)

a. Он пришёл ко мне. Она **тоже** *пришла* ко мне.

b. Она пришла **тоже** *ко мне*. 그녀는 나에게도 왔어.

c. Сегодня очень холодно. Завтра будет **тоже** *холодный* день.

d. Он любит людей и люди **тоже** *любят* его.

e. Для охраны окружающей среды наше правительство **тоже** *принимает* меры.

| *же* |

(6)

(문장전체)

a. Я **же** *тебе говорил*. (확인) 내가 분명 너에게 말했었잖아.

b. Он **же** *ничего не знает об этом*.

c. Не мог **же** *я отказаться*. 나는 정말 거절할 수 없었어.

(단어하나)

d. Он вернётся *сегодня* **же**. 그는 바로 오늘 돌아올 거야.

e. У меня *такой* **же** портфель. 나에게는 똑같은 서류가방이 있어.

f. *Тебе* **же** поручили это, а не мне.

g. *Куда* **же** девался билет? 표가 도대체 어디로 간거야?

| *Ведь* |

(7)

a. **Ведь** *я тебе говорил*. (전체 부정)분명히 내가 너에게 말했어..

b. **Ведь** *он ничего не знает об этом*. (전체 부정)그가 아무것도 모르는 건 분명해.

Он **ведь** *ничего не* знает об этом. 그는 정말 전혀몰라..

Он ничего **ведь** *не знает* об этом. 그는 아무것도 정말 모르고 있어.

Он ничего не знает **ведь** *об этом*. 그는 이것만큼은 정말 아무것도 몰라.

c. **Ведь** *он ошибается*. 그가 틀린게 분명해.

Он **ведь** *ошибается*. 그가 분명 실수한 거야.

d. **Ведь** *ты пойдёшь в магазин*? (긍정적인 답변의 기대)

e. Ты **ведь** *обещал*. (기억에 대한 정중한 촉구)

f. Конечно, умею стрелять из винтовки, служил **ведь** *в армии*. (사실의 확인)

| *Ещё* |

(8)

a. Тюмень - первый город, основанный русскими в Сибири.
Он возник **ещё** *в конце XVI века*.

b. Несмотря на усилия историков и археологов, библиотека Ивана Грозного **ещё** *не найдена*.

c. **Ещё** *учёным называется*! (분노) 벌써 학자라고 부르다니!

d. Вы голодны!
– **Ещё** *чего*! Я только что позавтракала! 아니 뭐라구!

e. **Ещё** *уволят*! (경고) 벌써 해고됐을거야!

| *Ни* |

(9)

a. Не могу ждать **ни** *минуты*.

b. Не успел написать **ни** *строчки*.

c. Мы *ещё* не пришли **ни** *к каким выводам*.
우리는 그 어떤 결론에도 이르지 못했다.

d. Мы не пришли *ещё* **ни** *к каким выводам*.
우리는 아직 결론에는 이르지 못했다.

e. **Ни** *слова не сказал*.

f. **Ни** *на минуту*.

| *ну* |

(10)

a. **Ну,** мороз! (강조)

b. **Ну,** герой! (빈정)

c. **Ну,** пойдём, если ты так хочешь! (내키지 않는 동의)

d. **Ну,** хватит! (안달, 초조)

e. **Ну,** говори! (단호)

8.3 제한 소사(ограничительные частицы)

소사 только, лишь, лишь только는 의미가 동일하다. 이 중 가장 자주 쓰이는 것은 только이다. 이 외에 именно가 제한적 의미로 쓰인다 . 이 소사들은 관계된 어휘 바로 앞에 놓인다.

| *Только* |

(11)

a. Он вернётся **только** (*лишь*) *к вечеру.*

b. До приезда в Россию я нигде не был, жил **только** *в родном городе.*

c. Я **только** *просмотрел* статью, но не успел внимательно прочитать её.

d. Занятия по фонетике были очень полезны.
Жаль, что они были **только** *раз в неделю.*

| *Именно* |

(12)

a. Это **именно** *он.* 바로 그 사람이야.

b. Пришли все, а **именно** *Иван*, Виктор, Андрей.

c. Это сделал **именно** *он.*

d. Вы хотите меня видеть завтра, а **именно** *завтра* я и не буду дома.

e. **Именно** *это* я и прошу!

f. Преподаватель спросил мальчика, почему он хочет стать **именно** *юристом.*

| *Хоть* |

(13)

a. **Хоть** *причешись*! (최소한의 요구) 머리라도 빗어라!

b. Взять **хоть** *тебя*; ты ведь ни разу не пожаловался.
(예시적 상황) 너라면 데리고 가겠다. 사실 넌 한번도 불평한 적이 없었어.

c. Поедем **хоть** *завтра*! (변경에 대한 준비) 내일이라도 가자!

d. Работы у него **хоть** *отбавляй*! 그에게서 일 좀 덜어주기라도 해라!

8.4 부정소사(отрицательные частицы)

부정소사 не는 항상 부정되는 어휘 바로 앞에 놓여야 한다. 이 не가 동사 앞에 있으면 동사를 수식하므로 발화의 중심행위를 부정하게 된다. 이 경우에는 발화 전체를 부정하는 **전체 부정**이 된다. 반면에 не가 다른 곳에 위치하게 되면, 뒤따라 오는 어휘만 수식해주는 **부분 부정**이 된다.

(14)

a. i) Мы **не** *сможет* прийти к вам в субботу.

ii) Мы сможем прийти к вам **не** *в субботу*(, а в воскресенье).

b. i) Пётр **не** *звонил* нам.

ii) **Не** *Пётр* звонил нам(, а его друг).

c. i) Брат **не** *страдал* от ревности.

ii) Брат страдал **не** *от ревности*.

d. i) Учёный **не** *расшифровал* эти надписи.

ii) Учёный расшифровал **не** *эти надписи*.

e. i) Сын **не** *всегда* понимал своего отца.

아들이 아버지를 항상 이해했던 것은 아니다.

ii) Сын всегда **не** *понимал своего отца*.

(전체 부정) 아들은 늘 아버지를 이해하지 못했다.

iii) **Не** *сын* всегда понимал своего отца.

아들이라고 늘 아버지를 이해한 건 아이었다.

iv) Сын всегда понимал **не** *своего отца*.

아들은 아버지만은 늘 이해하지 못했다.

8.5 지시소사(Указательные частицы)

지시소사 вон, вот, это는 문장 전체와 관련된 의미로 쓰이며, 강조하고자 하는 어휘의 앞이나 뒤에 놓인다.

| *Вот* |

(15)

a. 지시적 의미:

Вот дом. 바로 저 집이다.

b. 의문사와 함께:

Вот где я живу. 저기가 바로 내가 사는 곳이요.

Вот почему он ушёл. 바로 그래서 그가 떠난거야.

c. 대조의 의미:

С Ваней я дружу, а **вот** с Ниной никак не лажу.

d. 경고의 의미:

Вот всем расскажу об этом.

e. 분노의 의미:

Вот дурак! 저런 바보 같으니!

| *Вон* |

(16)

Вон (оно) что!

Вон (оно) как! 저런!

Вон туда надо идти! 바로 저리로 가야 돼!

Это **вон** там было. 그건 바로 저기 있었어.

아래 예들은 вон이 부사적으로 쓰인 것들이다.

a. 지시적 의미 :

Дом **вон** там.

Вон идёт твой брат.

b. 감정적 명령 :

Вон отсюда!

Пошёл **вон**!

| *Это* |

Это는 지시대명사나 지시형용사 외에 소사로도 사용된다.

(17)

a. 지시적 의미로 "바로 이"라는 의미를 나타낸다.

i) **Это** дети вернулись из школы.

ii) Сломали они **это**, знаешь, замок. 알다시피 바로 이놈들이 자물쇠를 망가뜨렸어.

b. 의문사와 함께 "도대체"라는 강조적 의미로 쓰인다.

i) Что **это** он не идёт? 도대체 그가 왜 안 오는거야?

ii) Куда **это** он пошёл?

iii) С каким **это** дураком вы связались?

c. 불특정적 의미:

Я куда **это** засунул кошелёк. 내가 지갑을 어딘가 밀어 넣은게 분명해.

▶ 예 제

1. 다음을 읽고 해석하시오.

"Подумайте *хотя бы* в случае с детьми : *да* отдай я их после смерти сестры в чужие руки, я испытала *бы* несчастье вдвойне."

(Фридман :158)

2. 다음을 러시아어로 옮기시오.

1) a. 나는 너에게 가지 않을 것이다.
   b. 너에게는 가지 않겠다.
2) 그녀가 시험 성적 때문에 괴로워하는 것은 아니다.(страдать)
3) 그런 새들은 아프리카에서뿐만 아니라 남미에서도 서식한다.(водиться)
4) 이 병은 동물들뿐만 아니라 사람에게도 전염된다.(поражать)
5) 고통이 크면 죽을 수조차 있다.
6) 이 사전이 나온 지 벌써 3년이 되었다.
7) 그는 왜 꼭 법률가가 되려는지 그 이유를 설명했다.
8) 그는 동물을 사랑하고, 동물들도 그를 사랑한다.

3. 다음을 읽고 물음에 답하시오.

Всё это Румянцев хотел сделать достоянием общества, русским национальным музеем, но он не дожил до его открытия. Его брат передал коллекцию в Министерство народного просвещения. 23 ноября 1831 года в Петербурге состоялось торжественное открытие Румянцевского музея. Из-за финансовых трудностей в 1862 году его перевели в Москву.

С тех пор музей постоянно пополнялся. Император Александр II пожаловал ему в дар грандиозное полотно художника А. Иванова «Явление Христа народу», которое стало первым в художественной коллекции музея. (a) Он настоял на передаче в музей нескольких картин из петербургского Эрмитажа. Вскоре картинная галерея музея пополнилась ценнейшей коллекцией Ф.И. Прянишникова, одного из первых собирателей русских картин. (b) О её приобретении всю жизнь мечтал П. М. Третьяков, не предполагая, что через много лет эта коллекция станет украшением Третьяковской галереи.

Это случилось после революции, когда Румянцевский музей был расформирован. В 1925 году живопись и скульптуры были переданы в Третьяковскую галерею и в Музей изящных искусств на Волхонке. Собрание книг послужило основой Государственной библиотеки им. Ленина (сейчас – *Российская государственная библиотека*), которая и разместилась в доме Пашкова.

Новое здание для библиотеки рядом с домом Пашкова было построено в 1928 –1930 годах архитекторам В. А. Щуко и В. Г. Гельфрейхом. Через несколько лет они приняли участие в проектировании Дворца Советов на месте храма Христа Спасителя.

(Лебедева ; Лупенко 1997 : 137-139)

(1) 밑줄 친 문장 (a)에 소사 же가 들어갈 위치의 바로 다음 단어를 지적하시오.
(2) 밑줄 친 문장 (b)에 소사 даже가 들어갈 위치의 바로 다음 단어를 지적하시오.

4. 다음 텍스트를 읽고 물음에 답하시오.

С 1989 года идея восстановления храма Христа Спасителя исподволь, как травинка сквозь асфальт, пробивалась из глубин народного сознания через каменную толщу десятилетий атеистического воспитания... (a) На неё обрушилась целая лавина возражений, но в сквере у бассейна «Москва» в самом начале 90-х годов появился деревянный крест и ящик для сбора новых добровольных пожертвований. (b) Эта идея казалась утопией, когда в ноябре 1994 года Архиерейский собор Русской Православной Церкви принял решение о восстановлении храма. 7 января 1995 года в праздник Рождества Христова состоялась закладка вновь воссоздаваемого храма Христа Спасителя и фантастическая мечта стала реальностью…

(Лебедева ; Лупенко 1997 : 157)

(1) 밑줄 친 문장(a)에 소사 сразу же가 들어갈 위치의 바로 다음 단어를 지적하시오.

(2) 줄 친 문장(b)에 소사 ещё가 들어갈 위치의 바로 다음 단어를 지적하시오.

5. 다음 텍스트를 읽고 물음에 답하시오.

Гостей становится больше, ну а москвичей – вполовину меньше. Некому позвонить, не с кем встретиться. Все ваши знакомые отправились отдыхать. (1) А не поехать и вам куда-нибудь? (2) Очень жарко летом в городе. Так хочется совершить морское путешествие по Белому морю и Северному Ледовитому океану. Поездка, разумеется, летняя : зимой **в тех краях** стоит долгая **полярная ночь**. Не обещаю во время этого путешествия встречи **с белыми медведями**(хотя и это не исключено), но думаю, будет **о чём вспоминать.**

(Валерий Алексеев 1983 : 103-104)

(1) 문장 (1)에 ли가 들어갈 위치를 찾아 보시오.

(2) 문장 (2)에서 уж가 들어갈 위치의 다음 단어로 쓰시오.

연 습

▶ 다음의 예문들은 Лебедева와 Лупенко의 «**Москва великая**»(1992)에서 발췌한 것이다. 화제와 정보라는 기능적 분절에 유의하여 텍스트들을 해석해 보시오.

Государственный универсальный магазин(*ГУМ*)

Одним из фасадов на Ильику // выходит крупнейший в Москве – ***Государственный универсальный магазин***(ГУМ), до революции имевший название Верхних торговых рядов, которые были частью огромного Гостиного двора. На месте роскошного здания в русском стиле, построенного в 1893 году по проекту А.Н. Померанцева и Р.И. Клейна, //долгое время находились узкие торговые ряды с маленькими лавками. Тогда здесь// разносились громкие крики зазывал, приглашавших сделать покупку: «Сходно продаем, премию в сувенир даём!» Если *проходящий мимо человек* поддавался на уговоры и входил, за него энергично принимался продавец лавки. При этом он //прибегал ко всевозможным ухищрениям пытаясь всучить свой товар. Можно было услышать и такую фразу: «Дай вам Бог столько здоровья, как на вас сидит этот пиджак!» (с. 95)

Здание бывшего **<<Благородного дворянского собрания>>**

Весь цвет московского общества собирался //здесь на блестящие балы. Лето дворяне проводили //за границей и в своих подмосковных имениях, а зимой в Москве //гудела шумная жизнь высшего света. Каждый зимний сезон начиная с декабря и до Великого поста в одиннадцать часов вечера к парадному крыльцу Благородного собрания// подъезжали роскошные экипажи. В знаменитом зале с коринфскими колоннами из белого мрамора // кружились в танце московские аристократы. Здесь //давал балы знаменитый танцмейстер Йогель, описанный Львом Толстым в «Войне и Мире». Здесь // часто бывал Пушки, и, может быть, именно здесь он // впервые увидел юную Натали Гончарову. Описание бала в Благородном собрании попало на страницы «Евгения Онегина». На новогоднем балу 31 декабря 1831 года среди приглашённых //М.Ю.Лермонтов.

На концертах в Благородном собрании //выступали П.И.Чайковский, Н.А.Римский-

Корсаков, С.В.Рахманинов, Ф.Лист. (с. 127)

Большой театр

Большой театр — Датой его основания //считается 28 марта 1776 года, когда князь П. В. Урусов вместе с антрепренером М. Е. Медоксом //создали Московский Публичный театр. Труппу //составили актеры студенческого театра Московского университета, крепостных и частных театров. В 1780 году театр //полностью перешел к Медоксу. Тогда же для него //было построено отдельное здание на Петровской площади, и поэтому театр //стал называется *Петровским*. На его сцене выступали актеры Ожогин, Плавильщиков, Елизавета и Сила Сандуновы (владельцы прославленных московских бань).

В мае 1805 года перед началом спектакля за кулисами начался пожар, и здание полностью сгорело. Медокс разорился, и его театр перешел в ведение казны. Так в Москве возник первый Императорский театр. С апреля 1806 года он давал спектакли во флигеле дома А. И. Пашкова на Моховой, который с перерывами шли там до 1824 года. В 1809 года архитектор К. Росси построил специально для труппы Императорского театра деревянное здание у Арбатских ворот (на месте памятника Гоголю), но во время нашествия Наполеона на Москву Арбатский театр сгорел и больше не восстанавливался.

В начале 20-х годов X IX века Петровская площадь была полностью перестроена в стиле классицизма по замыслу архитектора Осипа Бове, руководившего восстановлением послепожарной Москвы. Здесь развернулось строительство новых зданий для труппы Императорского театра – Большого и Малого театра, построенное в 1824 году на месте бывшего Петровского театра по проекту О. И. Бове и А. А. Михайлова. Из камня разобранной набережной Неглинки и ступеней Кузнецкого моста соорудили базы колонн здания.

Театр открылся 6 января 1825 года прологом «Торжество муз» на музыку А. Верстовского и А. Алябьева и балетом «Сандрильона». (сс. 113-115)

Малый театр

Малый театр — Этот старейший столичный театр называли //вторым университетом Москвы – по той огромной просветительской роли, которую он сыграл в русской культуре. Его сцена помнит// П. С. Мочалова, М. С. Щепкина, М. Н. Ермолову.

Дом был построен //в 1818 году архитекторами А. Ф. Элькинским и О. И. Бове для куща В. В. Варгина. Он восторгался парижским Пале-Рояле с его театром и мечтал о таком же в Москве, поэтому заказал себе жилой дом с большим концертным залом, а через несколько лет сдал его в аренду казне 14 октября 1824 года здесь состоялось первое представление труппы Императорского театра, переехавшей сюда из флигеля усадьбы Пашкова на Моховой. Через три месяца открылся Большой императорский театр, в котором стали давать преимущественно оперные и балетные постановки, а здесь играли драматические спектакли. Свое название Малый театр получил по залу, значительно меньшему, чем зал Большого.

После пожара 1841 года здание //было перестроено по проекту К. А. Тона. Тогда //было запрещено курить во всех помещениях театра во избежание нового пожара. (с. 117)

Храм Христа Спасителя (1)

Еще недавно трудно было представить, что на том месте, где клубились пары бассейна «Москва», всего за два года вырастет пятиглавый исполин – надежда и чаяние России. Много было противников у этого грандиозного начинания, и все же вновь сияет над Москвой золотой купол храма Христа Спасителя.

Храм был возведен по указу императора Александра I //в благодарность Богу за спасение России в Отечественной войне 1812 года и //в ознаменование победы русской армии над Наполеоном. Храм должен был стоять именно в Москве – она приняла на себя// великие тяготы нашествия французской армии и стала //огненной могилой Наполеона…

Из всех конкурсных проектов Александр I остановился на предложении архитектора Карла Витберга – построить трехъярусный храм с тремя престолами, освященными во имя Рождества Христова, Преображения и Вознесения Господня. Нижний Рождественский храм, по мысли архитектора, должен был стать усыпальнцей погибших русских воинов. «Вы заставили говорить камни!» - воскликнул восхищенный император и повелел приступать к сооружению храма. Витберг хотел видеть свое детище в древнем московском Кремле, но Александр не разрешил трогать сердце Москвы и предложил, по его образному выражению, «корону Москвы» - Воробьёвы горы. Там в октябре 1817 года и состоялась закладка первого храма Христа Спасителя. Однако после смерти Александра I все работы были остановлены из-за финансовых неурядиц: Витберга сослали в Вятку, а его проект отвергли. Этот замысел не приняла и сама Москва – вскоре обнаружилось, что гора начала оседать…. (с.151)

Храм Христа Спасителя (2)

Со златоглавым наследием прошлого //не могли примириться новые правители Кремля. Еще в 1924 году// родилась идея разрушить этот храм, что бы на его месте// поставить памятник Ленину. По личному распоряжению Сталина в 1931 году храм был предназначен к сносу// для строительства на его месте «*главного здания страны*» - Дворца Советов по проекту архитекторов Б. Иофана, А. Щуко и Г. Гельфейха. Храм должна была заменить// гигантская башня, увенчанная колоссальной статуей Ленина. Общая высота сооружения составила бы 415 метров – оно должно было стать самым высоким не только в Москве, но во всём мире.

«Общественное мнение» готовили //несколько лет. Тогда развернулась настоящая травля храма Христа Спасителя: академики архитектуры публично клялись, что он не имеет художественной ценности и не является произведением искусства. Публицисты называли храм «Союз воинствующих безбожников» и призывал скорее разрушить этот «памятник царизму», который навязал народу «несправедливую» и «ненужную» войну 1812 года. В общем потоке откровенной лжи и брани тонули одинокие голоса тех, кто пытался остановить преступление.

В полдень 5 декабря 1931 года храм Христа Спасителя погиб. Но прежде два раза прогремели мощные взрывы, а он продолжал стоять почти неповреждённым. Тогда, по легенде, московские старушки, прощавшиеся с храмом на другом берегу Москвы-реки, радостно перекрестились и предсказали, что ничего другого, кроме храма, не будет стоять на этом месте. Народная молва приписывала третий, последний взрыв Лазарю Кагановичу – шептались, что он собственноручно повернул рычаг взрывателя со словами: «Задерём подол России-матушке!» (сс.155-157)

Центральный универсальный магазин(ЦУМ)

Товары здесь //были превосходного качества, продавцы //безукоризненно вежливы: когда покупатель //бывал недоволен, товар //немедленно заменяли новым. В специальной темной комнате с газовыми фонарями придирчивые модницы //могли судить о цвете шелковых материй при вечернем освещении.

Для детей поход в «Мюр и Мерилиз» был настоящим праздником, ведь здесь их ждали восхитительные игрушки. К каждой были прикреплены ярлычки с названиями: «Лошади деревянные с шерстью», «Медведь в меху заводной кувыркающийся»... Большой популярностью в то время пользовалась игрушка «Бур металлический заводной верхом»- в 1899 году началась Англо-бурская война, и симпатии русских были на стороне буров. (с. 119)

Центральный универсальный магазин(ЦУМ)

Вечером 24 ноября 1900 года в магазине //начался пожар. Напротив, через улицу в Большом в это время //давали «Ледяной дом», в котором солировал Шаляпин. Узнав о бедствии, зрители в панике //покидали театр. На следующий день от здания //остались лишь стены.

Вскоре на месте сгоревшего дома поднялись строительные леса, и в 1908 году здесь выросло новое шикарное здание универсама по проекту Р. И. Клейна. «Мюр и Мерлиз» поднялся на вершину своей славы. Сенсацию вызвало появление в магазине электрических лифтов для покупателей, ведь они были в ту пору невиданной редкостью. (с. 121)

Воскресенские **ворота**

В 1680 году обветшавшие ворота были перестроены //заново, и тогда над ними// появились два высоких шатра, увенчанные двуглавыми орлами. Над воротами// поместили икону Воскресения Христова, и с тех пор они //стали называться Воскресенскими.

Свой современный вид Иверская часовня получила в конце X VIII века, когда ее перестроил Матвей Казаков. Позднее на куполе часовни появилась позолоченная фигура ангела с крестом. (с. 75)

Охотный ряд

На этой небольшой улице, протянувшейся от Театральной площади до начала Тверской улицы, до революции //кипела торговля съестными припасами. Гиляровский называл Охотный ряд //«чревом Москвы». Улица получила свое название// по одному из рядов, где торговли дичью и битой птицей, *добывавшимися охотниками*.

После напряженного трудового дня купцы любили //хорошо отдохнуть. Здесь //стали открываться рестораны, в том числе и знаменитый на всю Москву трактир Тестова. Он славился своей кухней, использующей только первоклассные продукты. Особенно хороши были тестовские расстегаи со стерлядью и поросята под хреном со сметаной. Говорили, что Тестов заказывал для молочных поросят под хреном специальные подвесные люльки, чтобы они в малоподвижности росли сочными и жирными, и выкармливал их свежим творогом. Половые в белых русских рубашках с полотенцами в руках разносили ледяную водку и горячие расстегаи со свежей икрой.

Не менее известный *Егоровский трактир* находился в Охотном ряду с конца X VIII века. Держал его старообрядец Егоров. Он запрещал посетителям курить, а в постные дни не подавал скоромной пищи. Однако любителей отобедать у Егорова от этих строгих правил не убывало. Посетителей привлекала великолепно отделанная в китайском стиле комната для чаепития, где угощали превосходным чаем. В том же доме в подвале находилась *блинная Воронина*. Направляясь к Егорову, посетители не могли не заметить милой вывески с надписью «Здесь Воронины блины» и изображением вороны с блином в клюве. Частенько, сначала выпив у Егорова, повеселевшие посетители спускались вниз кушать лучшие блины во всей Москве. (сс. 123-125)

Благовещенский собор

Благовещенский собор// был домовым храмом русских царей. Здесь они //венчались и крестили новорожденных наследников престола, а протопресвитер Благовещенского собора //был духовником царской семьи.

Храм построен //в 1484-1489 годах мастерами Кривцовым и Мышкиным, а при Иване Грозном с левой стороны Благовещенского собора// появилась крытая галерея, на которой царь стоял во время службы. В южном приделе находилась его молельня : вопреки церковному правилу царь в 1572 году вступил в брак в четвертый раз, и ему воспрещалось присутствовать при общем богослужении. С крыльца Благовещенского собора в марте 1584 года Иван Грозный увидел крестообразную комету и решил, что она предвещает ему скорую смерть. Через несколько дней его не стало.

Особенностью настенных росписей Благовещенского собора являются избражения языческих мудрецов — Аристотеля, Фукидида, Плутарха, Платона и Сократа со свитками в руках, содержащими философские изречения, близкие к христианскому учению. У Сократа: «Доброго мужа никакое зло не постигнет. Душа наша бессмертна. По смерти будет добрым награда, а злым — наказание». У Платона: «Должно надеяться, что Сам Бог ниспошлет небесного Учителя и Наставника людям». (сс. 45-47)

Большой Кремлевский дворец

С Соборной площади //можно пройти к *Большому Кремлевскому дворцу*, где останавливались русские императоры во время своих приездов в Москву. Он был построен в 40-х годах X IX века архитектором К.А. Тоном, создателем храма Христа Спасителя. Он же в 1844-1851 годах // построил *здание Оружейной палаты*, примыкающее к дворцу со стороны Боровицких ворот. В древности Оружейной палатой называлась кремлевская мастерская, где изготовляли оружие и воинские доспехи. В 1709 году после Полтавской битвы Петр I приказал передать в московскую Оружейную палату все трофейные орудия и знамена для создания музея боевой славы. Со временем она превратилась в настоящую сокровищницу России, где на обозрение выставлены воинские трофеи, царские регалии, предметы церковной утвари. В этом же здании размещается Алмазный Фонд России.

(с. 55)

Памятник Минину и Пожарскому

Памятник Минину и Пожарскому, руководителям народного ополчения 1612 года, //был сооружен на Красной площади в 1818 году по проекту скульптора И. Мартоса. На одном из барельефов памятника // изображено, как по призыву Минина нижегородские граждане ведут своих сыновей для всеобщего вооружения, а на другом – бегство поляков из Кремля и преследование с русскими воинами. На постаменте памятника// подпись: «Гражданину Минину и князю Пожарскому – Благодарная Россия». (с.67)

Сергий Радонежский

Именно по его приказу на помощь защитникам России из Казани // была доставлена недавно обретенная икона Божией Матери. В марте 1612 года в Ярославле // ее встретило ополчение под руководством Кузьмы Минина и князя Дмитрия Пожарского и отправилось с ней в освободительной поход на Москву, занятую польскими войсками. В октябре после длительный осады Китай-города // было решено брать его штурмом, и тогда перед Казанской иконой // отслужили молебен. По легенде, в ту же ночь греческому архиепископу Арсению, заключенному в Кремле, явился во сне преподобный Сергий Радонежский и сообщил ему, что «предстательством Богоматери Суд, Божий об Отечестве приложен на милость, и Россия будет спасена». 22 октября 1612 года ополчение вошло в

Китай-город, а через пять дней поляки, измученные голодом в Кремле, сдались.

(сс.69-71)

Богоявленский монастырь

Сразу за этим зданием – короткий Третьяковский проезд, проложенный для прямого сообщения между Китай-городом и Кузнецким мостом. Его завершает //красивая проездная арка, выполненная в русском стиле в 1872 году архитектором А.С. Каминским. Заказчиками архитектора, которым он приходился зятем, //были известные купцы и благотворители Павел и Сергей Третьяковы. Это был их дар городу, а Городская Дума в знак благодарности назвала ворота и проезд //их именем.

Направо от Никольской улицы уходит **Богоявленский переулок** (в советское время – Куйбышевский проезд), получивший свое название от находившегося здесь *Богоявленского монастыря*. Это второй по древности монастырь Москвы после Даниловского. Он был основан в 1296 году московским князем Даниилом Александровичем, сыном Александра Невского. Одним из первых настоятелей Богоявленского монастыря был Стефан, брат преподобного Сергия Радонежского. Здесь же принял пострижение святитель Алексий, будущий митрополит Московский. В 1568 году сюда заточили митрополита Филиппа (Колычева) за его открытое осуждение царской опричнины. Разгневанный царь Иван Грозный повелел впустить к нему в темницу голодного медведя, но, ко всеобщему удивлению, он не тронул узника. Тогда опального митрополита отправили в Тверской Отроч монастырь, где он погиб от руки Малюты Скуратова. (с.91)

Варварка

Эта старинная улочка передает //дух средневековой столицы. Варварка сияет // золочеными главками церквей, которых здесь больше, чем на других московских улицах. Свое название Варварка получила// по одной из них – по церкви св. Варвары. Улица // была свидетельницей важных исторических событий: по ней возвращался в Москву с Кулковскйи битвы// князь Дмитрий Донской, по ней же везли на казнь на Васильевский впуск //бунтовщика Степана Разина.

Справа от Варварки находилось древне Зарядье, почти полностью уничтоженное под строительство ***гостиницы «Россия»***. Огромное здание было построено в 1964-1969 годах по проекту архитектора Д. Чечлина. От Зарядья уцелела только ***церковь Зачатия св. Анны*** начал X VI века – одно из древнейших каменных зданий в Москве.

В самом начале Варварки на ее правой стороне стоит ***церковь св. Варвраы***. Первая церковь на этом месте была построена в начале X VI века итальянским архитектором Алевизом Фрязиным, строителем Архангельского собора в Кремле. Это был посадский храм, сооруженный на средства богатых купцов, живших в Зарядье. Святая Варварка почиталась купечеством как покровительница торговли, и вскоре этот храм стал одним из самых чтимых в Москве. В начале X IX века на средства майора Барышникова и купца Самгина, жены которых исцелились от мощей св. Варвары, была построена новая церковь по проекту Родиона Казакова. Около церкви располагался судебный приказ, где учиняли дознание, - отсюда и пошла московская поговорка «Идти к Варваре на расправу».(с.101)

Волхонка

Тихая и небольшая улочка ведет нас // от Моховой к площади Пречистенских ворот. Своим теплым старомосковским названием она // обязана, как ни странно, кабаку, располагавшемуся в XVIII веке в подвале дома князя Волконского. Эпоха повальных переименований московских улиц // пощадила Волхонку, так же, впрочем, как и сталинская реконструкция города. Хотя участи быть уничтоженной улица избежала чудом: лежавшая на пути из Кремля к будущему Дворцу Советов Волхонка // должна была стать частью огромной площади.

В самом начале улицы стоят два дома, до революции принадлежавшие крупным московским банкирам Волковым. Их предок крестьянин-книгоноша Гаврила Волков пришел в Москву пешком и, устав с дороги, присел отдохнуть на крыльце дома на Волхонке. Разбогатев, он купил этот дом в память о своем первом московском отдыхе и открыл в нем антикварный магазин.

Волхонку по праву можно назвать московской улицей искусства, и в первую очередь потому, что здесь находится Государственный музей изобразительных искусств им. А. С. Пушкина(ГМИИ). (с. 141)

Даниловский монастырь

Древнейший московский монастырь находится// в Замоскворечье близ Серпуховской заставы. Его основал //в конце XIII века младший сын Александра Невского Даниил Московский, первый великий князь Москвы, впоследствии причислённый к лику святых. В этом монастыре он // и был погребен в 1303 году. Даниловский монастырь// не сразу окреп и обрел силу: во время правления сына Даниила Ивана Калиты он //оскудел, пришел в запустение и стал зваться просто «сельцо Даниловское». Гробница Даниила Московского // была заброшена и забыта.

Только в конце X V века Великий Князь Иван III вспомнил о своем далеком предке. По преданию, однажды он ехал со своими слугами вдоль Москвы-реки мимо места, где когда-то была могила князя Даниила. Конь под одним из всадников внезапно споткнулся, и появился неведомый князь, который обратился к упавшему слуге: «Я господин месту сему, князь Даниил Московский, здесь положенный. Скажи Великому Князю Ивану: ты сам себя утешаешь, а меня забыл!» С тех пор московские князья стали служить панихиды по своему прародителю, а царь Иван Грозный возродил Даниловский монастырь. Он повелел построить в монастыре каменный собор Семи Вселенских соборов святых Отец и сам вместе с сыновьями Иваном и Федором присутствовал на его освящении в 1560 году. В этом соборе находится старинная Владимирская икона Богоматери, на которой сохранились подлинные портреты Ивана Грозного, его сына царевича Ивана и митрополита Московского Макария. (сс. 377-379)

Новодевичий монастырь

Один из красивейших московских монастырей основан // в начале XVI века. Его главный собор освящен // в честь Смоленской иконы Божией Матери Одигитрии, написанной, по преданию, самим евангелистом Лукой. С этой иконой связано // основание Новодевичьего монастыря.

Она попала на Русь из Греции в 1046 году // вместе с царевной Анной Мономах, супругой черниговского князя Всеволода Ярославича, а потом оказалась в Смоленске со своим отцом, великим князем литовским Витовтом. Он и отпустил с ней // в Москву Смоленскую икону Божией Матери. Её // поместили в Благовещенском соборе Московского Кремля. Но уже через несколько лет смоличане просили Великого Князя Московского // вернуть святыню. В 1456 году Василий II Темный уступил их просьбе и возвратил чтимую икону в Смоленск, сняв с нее точный список. Икону торжественно провожали с крестным ходом до берега Москвы-реки напротив Воробьевых гор, где отслужили молебен. С тех пор к тому месту каждый год совершали крестный ход. (с. 383)

Донской монастырь

Донской монастырь основан царем Федором Иоанновичем // в честь Донской иконы Божией Матери в благодарность за избавление Москвы от нашествия крымского хана Казы-Гирея в 1591-1593 годах. Монастырь возник на том месте, где располагался стан русских воинов, готовящихся вступить в бой с татарскими полчищами. Посреди стана тогда соорудили походную церковь преподобного Сергия Радонежского и поместили туда чтимую икону Божией Матери, прозванную Донской. (с. 389)

Моховая улица и Манеж

Эта улица продолжает // Охотный ряд и заканчивается у Знаменки. В старину здесь // располагался торговый ряд, где продавали сухой мох для заделки щелей в деревянных домах, поэтому и улицу стали называть Моховой.

Манеж

Здание построено в 1817 году // по проекту инженера А. А. Бетанкура, а в 1824-1825 годах //отделано в стиле ампир архитектором Осипом Бове. Строгое сооружение с античными колоннами и воинской символикой возводилось // в честь победы над Наполеоном. Манеж торжественно открылся // парадом войск, вернувшихся из победоносного похода в Париж.

В Манеже // проводились военные учения, причем здание было настолько вместительным, что здесь мог маневрировать целый полк. Одно время тут занимались // верховой ездой, и именно в Манеже учился ездить на лошади // молодой Л. Н. Толстой, а в старости он осваивал здесь велосипед.

Со второй половины X IX века в Манеже // затих топот конских копыт, и в отремонтированном здании // стала собираться изысканная публика. Под сводами здания удивительная музыка Гектора Берлиоза и Камиля Сен-Санса, которые дирижировали симфоническими оркестрами. Проводились здесь и выставки: этнографические, цветов, птиц и животных.

После революции в здании Манежа долгое время // располагался гараж, а после реконструкции в 1957 году здесь // вновь закипела культурная жизнь. Стоит вспомнить только выставки советских авангардистов или Ильи Глазунова. Чтобы попасть на них, люди // выстаивали километровые очереди. Выставочный зал и теперь привлекает множество посетителей. (сс. 129-131)

Лингвистический университет

С начала X IX века здесь// располагалось Коммерческое училище, куда принимали детей купеческого сословия. Здесь им преподавали //русский и иностранный языки, математику, бухгалтерию, риторику, географию. В семье преподавателя этого училища в 1820 году// родился историк С. М. Соловьев и жил в этом доме до 1850 года. Отсюда он ходил на лекции в Московский университет: сначала – учиться, потом – преподавать. В 1822-1830 годах здесь учился писатель И. А. Гончаров. В 1830 году он по своему желанию оставил училище и поступил в Московский университет.

После революции училище закрывалось, и здесь расположился Институт иностранных языков им. Мориса Тореза (ныне – *Лингвистический университет*). (сс. 167-169)

Дом Маргариты

А *дом Маргариты*, по одной из версий москвоведов, // находится в Малом Власьевском переулке, 12 – в глубине между Пречистенком и Сивцевом Вражком. В тихом переулочке вы увидите изящный особняк, построенный в начале века, с небольшим садом, чугунной решеткой и низенькими воротами. Совсем недалеко сюда – Арбат, по которому летела на метле Маргарита в Большой Николопесковский переулок – громить квартиру ненавистного критика Латунского в *доме Драмлита*. Его прототипом// был критик Литовский, который по-настоящему травил Булгакова. Правда, жил он в Замоскворечье, но Булгаков посели его на Арбате – иначе Маргарите пришлось бы сделать порядочный крюк.

На этом кончается сохранившаяся здесь булгаковская Москва, но продолжается старая Пречистенка. (сс. 175-177)

Дом Пашкова

В самом конце Моховой улицы на холме // возвышается роскошный дворец из белого камня, известный в Москве как дом Пашкова. Сочетание античной строгости и торжественности чисто московской узорчатостью делает его //шедевром самобытного русского классицизма. Строил дворец //один из лучших московских архитекторов Василий Баженов в 1784-1786 годах по заказу богатого помещика Пашкова.

Величественный дворец //овеян легендами. Говорили, что на вышке пашковского дома прусский король //кланялся Москве за спасение Пруссии от Наполеона. Еще одно предание гласит, что под домом// проходил подземный ход из Замоскворечья к Кремлю.

(сс.135-137)

해 답

제 2 장

2.1

1.

1) – Где Иван?

– Он // уехал в университет.

2) – Кто звонил?

– Звонил // мой отец.

3) – Сколько лет вы занимаетесь русским языком?

– Я занимаюсь русским языком // три года.

4) – Как он работает?

– Он работает // серьёзно.

5) – Где прожил большую часы жизни Л. Н. Толстой?

– Он прожил большую часы жизни // в Ясной Поляне.

6) – Когда родился А. С. Пушкин?

– Он родился // в 1899 году.

7) – Где проходили XXIV Олимпийские игры?

– XXIV Олимпийские игры проходили // в Сеуле.

8) – Кто играют в футбол?

– Играют в футбол // наши студенты.

9) – В каком университете вы занимаетесь?

– Я занимаюсь // в университете иностранных языков «Хангук».

10) – Когда вы собираетесь уехать в Москву?

– Я собираюсь уехать в Мокву // в воскресенье.

3.

1) Где Иван?

– Иван ушёл (поехал) в бассейн.

2) Кто читал книгу?

– (Книгу читал) Иван.

3) Когда ты уезжаешь в Сеул?

– (Я уезжаю в Сеул) в среду.

4) Что ты будешь делать в среду?

– (В среду) я буду встречаться со друзьями.

5) Кто ваш любимый писатель?

– (Мой любимый писатель) Чехов.

6) Утром он проснулся от шума.

7) Щёки детей покраснели от мороза.

8) Жизнь на Луне невозможна из-за отсутствия воздуха и воды.

– Жить на Луне нельзя из-за отсутствия воздуха и воды.

9) Мальчик засмеялся от радости.

10) Началось собрание. Председательствовал старый профессор.

2.2.

1.

1) Что делал писатель в течение двух месяцев?

– Работал над пьесой

2) Сколько времени писатель работал над пьесой?

– В течение двух месяцев.

3) Что делает ваш отец?

– (Он) разводит цветы.

4) Кто поздоровался с нами?

– (Поздоровался с вами) мой преподаватель.

5) Сегодня на заводе ручной труд сведён до минимума.

– Почти все процессы работают машины-автоматы.

6) Охотники разожгли костёр. Огонь быстро разгорелся.

7) Строительство здания завершено.

8) Как Сохи сдала экзамен?

– Она сдала экзамен на отлично.

9) Почему у тебя так грустный вид?

– Я сдал экзамен не успешно.

10) Во Владивостоке поезд простоял долго.

11) Наш сосед (пассажир) по купе вышел в Иркутске.

12) Жизнь в доме Чеховых в Мелехове шла мирно и тихо.

제 3 장

4.

1) Был ясный день.

2) Стояли (또는 Продолжались) тёплые, погожие дни.

3) Наконец начался семестр.

4) Быстро пролетели каникулы.

5) Наступает решительная минута (또는 решительный момент).

6) Послали за врачом.

7) Привезли мебель.

8) Погасли огни.

9) Прошло полгода.

10) В нашем районе существует общество охраны природы.

11) Рождается новая мысль.

12) Появилась цель жизни.

13) Надоело спорить.

14) Мне хотелось отдохнуть.

15) В понедельник шёл концерт.

16) Мела метель.

17) Внезапно разразилась гроза.

18) Блеснула молния, загремел гром.

19) Кончилось короткое северное лето.

20) Моросит мелкий дождь.

21) Раздался звонкий девичий смех.

22) В Якутии открыли новое месторождение алмаза.

제4장

4.1

2.

1) Была холодная мартовская ночь.

2) Дул резкий северный ветер.

3) холодный осенный воздух.

4) знакомая белая моторная лодка.

5) жаркий солнечный день.

6) старомодные спортивные туфли.

7) молодой корейский художник.

3.

1) эти весенние каникулы

2) моё любимое дело

3) все наши надежды

4) Мы ловили каждое его слово.

5) На этот раз ваши обычные отговорки не помогут.

6) Я вас познакомлю с нашим новым сотрудником.

7) новый книжный магазин

8) его последняя скульптурная работа

9) все мои объяснения

10) коренные социальные перемены

4.2.

2.

1) 1. неприступные для врагов деревянные стены Кремля

2. повелел возвести вокруг Кремля укрепления из белого камня

2) 1. загашенные после отпевания свечи

2. со времени переноса столицы в Петербург

3) 1. первый из восстановленных в постсоветское время в Москве храмов

2. во благодарности за избавление России от польско-литовских захватчиков

3. в страшное для России Смутное время

3.

1) богатые витаминами фрукты

2) известный всему миру учёный

3) тёмная от загара кожа

4) наедине с другом

5) вниз головой

6) книга о животных

7) способный к математике студент

8) бежучастный к политике человек

9) важная для блюда приправа

10) необходимые для огранизма вещества

11) загрязнённая отходами производства река

12) равные с мужчинами права

4.3.

2.

1) надпись по-русски

2) сад весной

3) суп по-армейски

4) взгляд исподлобья

5) кофе по-арабски

6) шашлык по-узбекски

7) глаза навыкате

8) работа впустую

9) чтение вслух

10) путешествие по морям

11) разговор вполголоса

3.

1) Я не могу принять такой дорогой подарок.

2) В окне вагона показалась его стриженая голова.

3) Вспомнилась школа и этот последний школьный вечер.

4) Моё самое заветное место в Москве – Третьяковская галерея.

5) Возле его последних скульптурных работ толпилась публика.

6) Для здоровья полезны богатые витаминами фрукты.

7) Наш университет посетил известный всему миру ученый.

8) На съезде славистов представились важные для отношений между Кореей и Россией вопросы.

9) В двадцать первом веке женщины будут иметь равные с мужчинами права во всех секторах.

10) Изображаемая автором этого романа жизнь типична для корейской деревни.

11) Он был первым в Корее медалистом.

12) Он поступил крайне(очень) неподходяще(неприемлемо, неосторожно).

13) Письмо было написано абсолютно неграмотно.

14) В дверях дома напротив показался высокий человек.

15) Огонь слева был особенно сильным.

16) Довольно медленно тянулись осенние дни.

17) Я сразу узнал его по походке вразвалку.

18) Смотреть на этого медвежонка было довольно забавно.

19) У меня возникла мысль поехать на озеро Байкал.

20) Я поддерживаю твоё намерение поступить на факультет биологии.

21) Наш попутчик был человек с юмором и любил пошутить.

제 5 장

5.2

2.

1) a. Меня лечил врач из университетской поликлиники.

b. Врач – из университетской поликлиники.

2) a. Летом мы жили на даче под Москвой.

b. Где ваша дача?

Наша дача под Москвой.

3) a. Книги на полке – библиотечные.

b. Книги на полке.

4) В школах было введено // бесплатное обучение

5) Начальное и среднее обучение в Корее // обязательно.

6) По вечерам отец рассказывает // интересные истории.

7) Рассказ отца получился (был) // интересный.

8) Я быстро пробежал глазами // письмо от отца.

9) Письмо пришло // от отца.

5.3

3.

1) С винограда // собрали корзину виноградин.

2) Виноградин собрали // корзину.

3) У моего друга // четверо детей.

4) Детей у него // четверо.

5) Есть // больше не хочется !

6) Ярмарка проводится // еженедельно.

제 6 장

6.1

1. 문형I : 1, 4, 7, 10, 13, 17

문형II: 2, 3, 5, 6, 8, 9, 11, 12, 14, 15, 16, 18, 19

2. вниз от

3.

1) Дискуссия о проблемах языка и речи была актуальна и своевременна.

2) Проект нового моста через реку Хан прост и изящен.

3) Леса на берегах Байкала необычайно красивы.

4) Сестра окончила университет.

5) Освоение космического пространства продолжается.

6) Кто будет читать этот текст?

– Этот текст буду читать я.

7) Тронуло всех нас выступление хора.

8) Спектакль поставил молодой режиссёр.

9) Экзамены принимал сам профессор.

6.2

1.

1) Что случилось в горах?

2) Что сделал отряд туристов в горах ?

3) Что случилось от неверного режима работы ?

4) Что произошло с бомбой от неверного режима работы ?

5) Что случилось в 1853 году на сцене малого театра?

6) Что произошло В XIX веке в Китай-городе?

7) Что случилось по решению московского правительства Казанский собор на Красной площади?

8) Что перед зданием Исторического музея?

9) Что случилось в конце XVII века на Никольской улице?

10) Что случилось с рестораном «Славянский базар» после революции?
11) Что произошло с предприимчивыми московскими купцами после революции ?
12) Что произошло со зданием университета в пожаре Москвы 1812 года ?
13) Что был на месте факультета журналистики в XVI веке ?
14) Что случилось в 1836 году для Татьянской церкви?

2.

1) Богославянский монастырь был основан // в 1296 году московским князем Данилом Александровичем, сыном Александра Невского.
2) Архитектор Джакомо Кваренги возвёл здание Гостиного двора // на Невском проспекте в Петербурге, аналогичное московскому.
3) Мы начнём наше путешествие // с Лубянской площади.
4) Название «Лубянка» появилось // ещё в XV веке.
5) Савва Мамонтов заказал Врубелю картину на сюжет «Принцесса Грёза» // ещё для Нижегородской выставки 1896 года.
6) Михаил Семёнович Щепкин выступил // против сложившейся традиции искусственной театральной игры.
7) Здание Манежа построено // в 1817 году по проекту инженера А.А.Бетанкура.
8) Московский университет открылся // 26 апреля 1755 года на Красной площади в перестроенном здании Аптекарского приказа.

4.

1) Каждую весну в Санкт-Петербупге проводится фестиваль искусств «Белые ночи».
2) Ежемесячно в нашем университете проходит семинар по русской литературе.
3) Во многих случаях для уточнения диагноза используется рентгеновский аппарат.
4) a. В первой комнате занимаются студенты.
   b. В первой комнате студенты занимаются.
5) a. В августе вернулись студенты.
   b. В августе студенты вернулись.
6) a. От холода и бескормицы погибло много птиц.
   b. От холода и бескормицы много птиц погибло.
7) К вечеру испортилась погода.
8) От бесконечных дождей разлилась река.

9) a. В 21-ом веке в жизни людей всё более заметное место будет занимать наука.
   b. В 21-ом веке будет занимать всё более заметное место в жизни людей.
10) a. Перед отходом поезда в вагон вошёл высокий человек в очках.
   b. Перед отходом поезда высокий человек в очках вошёл в вагон.
11) Наш профессор отвечает на все вопросы в конце лекции.
12) Каникулы пролетели быстро.
13) Мальчик проснулся от шума.
14) Экскурсия не состоялась из-за плохой погоды.
15) Договор был подписан пять лет назад.

6.3.

1.

a. Тургенев улыбнулся

2.

b. Так и

3.

a. 크레믈린에서 여기까지 오는 건 나룻터를 통해야만 가능하였다.

b. Эта часть

4.

1) a. Редакция одобрила вашу статью.
   b. Вашу статью смотрит сам главный редактор.
   c. Вашу статью приняли.
   d. Вашу статью редакция одобрила.
2) a. Ошибка изменила жизнь этого человека.
   b. Жизнь этого человека изменила ошибка.
3) Выбирали маршрут, распределяли обязанности, готовили снаряжение все участники похода.
4) Проверил все работы старший преподаватель.
5) Эта рисунка понравилась всем посетителям выставки.

제 7 장

2.

1) Кто выиграл матч?

2) Что входит в состав воды?

3) Где он учится ?

4) Зачем вы ссорились?

5) Когда они разошлись?

6) Куда ты звонил?

7) Кто подписал документ о создании новой школы?

3.

1) Удачно ли прошла операция?

2) Придёт ли отец к обеду?

3) Сознательно ли он нарушил своё обещание?

4) Сможет ли она помочь нам?

5) По силам ли этой бригаде такая нагрузка?

6) Давно ли он живёт в Москве?

7) Много ли занимаются студенты?

제 8 장

2.

1) a. Я не пойду к тебе.

b. Я пойду не к тебе.

2) Она страдает не от результатов экзамена.

3) Такие птицы водятся не только в Африке, но и в Южной Америке.

4) Эта болезнь поражает не только животных, но и людей.

5) От большого горя можно даже умереть.

6) Этот словарь напечатана уже три года.

7) Он объяснил, почему он хочет стать именно юристом.

8) Он любит животных и животные тоже любят его.

3.

1) настоял

2) не

4.

1) обрушилась

2) утопией

5.

1) А не поехать ли и вам куда-набудь ?

2) очень

참고문헌

강덕수 (1996) 노어음성학, 서울: 진명.

동완, 김학수 (1987) 노한사전, 서울: 주류

Алексеев, Валерий (1983) Будьте как дома. Москва : «Русский Язык».

Бердяев, Николай (1994) Философия, творчества, культуры и искусства. Том 2. Москва : «Искусство».

Билибин, И. Я. (1992) Русские народные сказки, Москва: «Терра».

Ильин, И. А. (1993) Собрание сочинений. Том 1. Москва : «Русский Язык». Коммерсантъ 9 сентября, 1997

Крылова, О. А. ; С. А. Хавронина (1984) Порядок слов в русском языке. Москва :«Русский Язык».

Крылова, О. А. (1992) Коммуникативный синтаксис русского языка. Москва : «Изд. Российского университета дружбы народов».

Лебедева, Е.; О. Лупенко (1997) Москва Великая. Москва: «ЭКСИМ».

Милославский, И.Г. и др. (1992) 10 уроков русского для бизнесменов. Москва: МП «Вернисаж».

Палиевский, П. В. (1987) Русские классики. Москва: «Художественная литература».

Пулькина, И. М. ; Е. Б. Захава-Некрасова (1977) Учебник русского языка. Москва : «Русский язык».

Распутин, В. (1982) Уроки французского. Москва: «Детская литература» Фридман, М. и др. (ed.) Русский язык

Тургенев, И. (2008) Первая любовь:повести. СПб.: «Азбука-классика».

Хавронина, С. А. ; О. А. Крылова (1989) Обучение иностранцев порядку слов в русском языке. Москва, «Русский Язык».

Шеин, В. Н. (1989) “Стилистическая дифференциация атрибутивных конструкций в современном языке.” Высказывание и текст : комплексный подход к тексту. Москва : МГИМО.

Школенко, Ю. (1986) Космический век. Москва: «Молодая Гвардия».

Wade, Terence (1992) A Comprehensive Russian Grammar. Oxford : Blackwell.

❖ 저자소개 ❖

강 덕 수

언어학 박사(슬라브언어학)

미국 위스컨신 대학교(매디슨) 슬라브어문학과 졸업(1985)

한국외국어대학교 노어과 교수

러시아 연방 북동연방대학교 명예교수

러시아 연방 사하공화국 학술원 명예회원

한국-사하친선협회 회장

협 의
생 략

러시아어 문장의 이해 -개정판-

2014년 2월 28일 1쇄 발행
2018년 8월 31일 2쇄 발행

저　자: 강 덕 수
발행자: 김 윤 선
발행처: 범한서적주식회사
서울특별시 종로구 신문로 2가 1-222
전화 733-2011 / 팩스 736-2016
등록 1966년 10월 6일 제1-168호

http://www.bumhanbook.co.kr

ISBN 978-89-7129-260-0 93790

정가 12,000 원